映画に魅せられて　私の追憶の名画

青木勝彦

映画に魅せられて　私の追憶の名画

青木勝彦

無責任時代
新東宝良心的大作
残侠伝
東京物語
ビルマの竪琴
冬の華
ビルマの竪琴
The Burmese Harp
山田洋次 監督
幸福の黄色いハンカチ
永遠の人
太陽の季節姉妹篇
夜の河
山本富士子
吉村公三郎

JAMES STEWART
KIM NOVAK
VERTIGO
めまい
OK牧場の決闘
007
HOW GREEN WAS MY VALLEY
監督作品
SOFIA LOREN
MARCELLO MASTROIANNI
Los Girasoles
VITTORIO DE SICA
LUDMILA SAVELYEVA
ローマの休日
KATHARINE HEPBURN in DAVID LEAN'S
荒野の決闘
荒野の決闘
太陽が
昼下りの情事
THIRD MAN
男と女
un homme et une femme

目次

開館にあたって

1940年代から1950年代（昭和15年～昭和34年）は、娯楽の少なかったこともあり、今より映画の文化的な地位は高かった時代です。特にヨーロッパ映画は、野口久光さんの芸術的香りの高いポスターが象徴するように、知的なものを求める若い人には人気がありました。

当時は、見合い後に交際が始まりますと、映画や芝居や音楽会位しか二人で行ける場所がありませんでしたので、何の映画を選択するかは、相手の女性だけでなく、その父親にも教養の程度をチェックされるので、選択には悩んでいました。私の家に下宿して、私に映画の手ほどきをしてくれた叔父から、日頃は『鞍馬天狗』や『美空ひばりの歌謡映画』ばかり見ている人が、あろうことか、『天井桟敷の人々』を選択、長尺（3時間）なので途中で寝てしまい駄目になったと苦笑しながら話してくれました。

この時代に多感な時代をすごされた皆様にも、必ず記憶に残る作品やシーンがあり、そこから示唆を受けたはずだと思います。公開された山田洋次監督の『東京家族』（『東京物語』を下敷きにしている）には次のようなシーンがありました。上京してきた老夫婦が、子どもの世話で横浜のみなとみらいのホテル（前作は熱海）に宿泊します。窓を開けると、目前に大観覧車が迫り、昔見た『第三の男』のシーンを思い出し、「あれはいい映画だった」と呟きます。山田監督には忘れられない作品のシーンであり、映画を志す契機の一つであったと想像されます。

評論家の吉村英夫さんは「シニアには財産としての思い出がある。輝いていた青春への郷愁がある。だとすれば、懐かしい映画を振り返り、追体験することもいいだろう。老いを豊かにと念じつつ、見てきた映画を思い出すのは私には楽しい」と言われています。

（「老いてこそわかる映画がある」大月書店）

最近は安価で昔の映画が家庭で見られます。ただ、昔映画館や学校の庭での映画会で見た映画には、「何時、何処で、誰と、そしてその時の自分の心境」というものが記憶となっている筈です。人の記憶の中心になるのは、その時の鮮明な印象（映像）です。そこから人は記憶の糸を辿ります。『追憶の名画』は私のこの思い出（印象）をベースに作品を選び、最初に見た時の印象（「追憶」）、その後作品を見たり、思い出したりした時の感想（「再会してみて」）、そして「作品紹介」とともに現在の見方も含めた「鑑賞」で進めます。皆様の記憶

外国映画（国／製作年）

○は公開時のキネマ旬報の順位

1979年

1. 天井桟敷の人々（仏／45）③
2. 2001年宇宙の旅（米／68）⑤
3. 第三の男（英／49）②
4. 市民ケーン（米／41）②
5. 大いなる幻影（仏／37）②
6. ウエストサイド物語（米／61）④
7. 駅馬車（米／39）②
8. 望郷（仏／37）①

2009年

1. ゴッドファーザー（米／72）⑧
2. ウエストサイド物語（米／61）④
3. タクシードライバー（米／76）①
4. 第三の男（英／49）②
5. 勝手にしやがれ（仏／59）⑧
6. ワイルドバンチ（米／69）
7. 2001年宇宙の旅（米／68）⑤
8. ローマの休日（米／53）⑥
8. ブレードランナー（米／82）

の糸に触れるか、未見の方には作品と時代の持つ雰囲気を少しでも感じていただければ幸甚です。

それでは皆様の思い出を整理する意味で、専門家が選んだ「オールタイム・ベストエイト」を見てみましょう。

オールタイム・ベストエイトの変遷

キネマ旬報社では1979（昭和54）年に映画評論家や映画通の識者の人達を選定者に日本で初めてオールタイム・ベストテン（各自が今までに鑑賞した映画から10本）を発表しました。それから10年毎に選定し、30年後の2009（平成21）年に発表された作品と比較しますと、映画の評価だけでなく時代の変化も反映しております。

この変化を、外国映画と日本映画に分けて見てみましょう。皆様も見た映画も多い筈です。

9位、10位は同点の作品が2009年には多く、比較しにくいので8位までにしました。

外国映画では選出者の年齢を考慮すると、20代～30代で見た30～40年前の作品が多く、まだ評価が定まらない90年代以降の作品はありません。また戦

日本映画（国／製作年）

○は公開時のキネマ旬報の順位

1979年

1. 七人の侍（54）③
2. 生きる（52）①
3. 飢餓海峡（64）⑤
4. 人情紙風船（37）⑦
5. 浮雲（55）①
6. 西鶴一代女（52）⑨
7. 東京物語（53）—
8. 二十四の瞳（54）①

2009年

1. 東京物語（53）②
2. 七人の侍（54）③
3. 浮雲（55）①
4. 幕末太陽傳（57）④
5. 仁義なき戦い（73）②
6. 二十四の瞳（54）①
7. 羅生門（50）⑤
8. 太陽を盗んだ男（79）②
8. 家族ゲーム（83）①
8. 丹下作膳百万両の壷（35）—

前の作品は09年には選ばれていません。もう少し細かく見てみますと

●ヨーロッパ映画からアメリカ映画へ。50％から22％へと半減、特に50年代半ばまで活況だったフランス映画の衰退が顕著です。

●公開時①の作品は少なく、②〜⑤までの作品が多い。①はその時の社会環境の影響を受け易く、テーマにも反映しているからだと思います。

●語り口重視から、テーマの刺激性、テンポの速さ、音響と映像重視の傾向が反映「ゴッドファーザー」の1位は驚きました。マフィア社会を背景に家族のあり方を中心に壮大なドラマの展開の斬新さが評価されたものと思います。

●映画技術の進歩（スクリーンの大型化、カラー化、CG化、音響技術の進歩）を反映。

●「第三の男」と「ローマの休日」は今も日本での人気が継続しています。日本映画は外国映画に比較して変化が少なく、半分残っています。特に50年代の前半は名作が多く、小津、黒澤、木下、成瀬、溝口監督の絶頂期で選者も親と見たか、聞いたかの影響を受けていると思われます。

●評価が定まらないのか90年代以降の作品はありません。

●テーマと映像で「幕末太陽傳」と「仁義なき戦い」の評価が高く、特に後者は

2014年

私のオールタイム・ベストテン

外国映画

1. 第三の男（49）②
2. 大いなる西部（58）①
3. アラビアのロレンス（62）①
4. ウェストサイド物語（61）④
5. 地獄に堕ちた勇者ども（70）⑨
6. ワイルドバンチ（69）
7. 我が谷は緑なりき（51）③
8. 甘い生活（60）②
9. 旅情（54）④
10. 真昼の決闘（52）

日本映画

1. 七人の侍（54）③
2. 東京物語（53）②
3. 仁義なき戦い（73）②
4. 二十四の瞳（54）①
5. 浮雲（55）①
6. 飢餓海峡（64）⑤
7. 雨月物語（53）③
8. 十三人の刺客（63）
9. 用心棒（61）②
10. 砂の器（74）

今後更に上がる可能性があります。また「家族ゲーム」の斬新さも評価が高いです。

●外国映画と同様に公開時2位～5位の作品が残っております。皆様はこの評価を見てどんな感想をお持ちになられましたか？　これはあくまで専門家が選んだ作品です。皆様の思い出の中に各自のベストエイトがあるはずです。

●あなたの古典映画（クラシック・シネマ）の映画通度は？●

左記の作品は、１９３５（昭和10）年～１９５９（昭和34）年までに製作された作品の中で、映画検定テキストで「みるべき映画」（私が加えた数本含む）として選定されたものです。この中で貴方が見た作品（テレビ、ビデオ、ＤＶＤ鑑賞も含む）は何本ありますか？

外国映画

- モダン・タイムス（36）
- 望郷（37）
- 白雪姫（37）
- 大いなる幻影（37）
- 駅馬車（39）
- オズの魔法使い（39）
- 風と共に去りぬ（39）
- 哀愁（40）
- 市民ケーン（41）
- わが谷は緑なりき（41）
- カサブランカ（43）

- 天井桟敷の人々（45）
- 逢いびき（45）
- 荒野の決闘（46）
- 戦火のかなた（46）
- 自転車泥棒（48）
- ハムレット（48）
- 第三の男（49）
- サンセット大通り（50）
- 雨に唄えば（52）
- 禁じられた遊び（52）
- ローマの休日（53）
- シェーン（53）
- 波止場（54）
- 道（54）
- 旅情（55）
- エデンの東（55）
- 十戒（56）
- 野いちご（57）
- 死刑台のエレベーター（57）
- 十二人の怒れる男（57）
- 灰とダイアモンド（58）
- 吸血鬼ドラキュラ（58）
- 大いなる西部（58）
- ベンハー（59）
- 勝手にしやがれ（59）

日本映画

- 祇園の姉妹（36）
- 人情紙風船（37）
- 無法松の一生（43）
- 安城家の舞踏会（47）
- 酔いどれ天使（48）
- 青い山脈（49）
- 晩春（49）
- また逢う日まで（50）
- 羅生門（50）
- カルメン故郷に帰る（51）
- 生きる（52）
- おかあさん（52）
- 煙突の見える場所（53）

■雨月物語（53）　■君の名は（53～54）　■二十四の瞳（54）
■東京物語（53）　■七人の侍（54）　■夫婦善哉（55）
■ゴジラ（54）　■浮雲（55）　■張り込み（58）
■狂った果実（56）　■幕末太陽傳（57）　■人間の条件（59～）
■楢山節考（58）　■巨人と玩具（58）
■東海道四谷怪談（59）

◎51本～64本　A級　文字通りの映画通。記憶を文章化することを推奨します。
◎36本～50本　B級　相当の映画通です。話題作は欠かさず見られたでしょう。他の趣味にも意欲的な方でしょう。
◎26本～35本　C級　平均的です。多彩な趣味をバランス良くされているでしょう。
◎25本以下　D級　映画よりスポーツや旅行、読書、音楽などに傾注されたのでは。

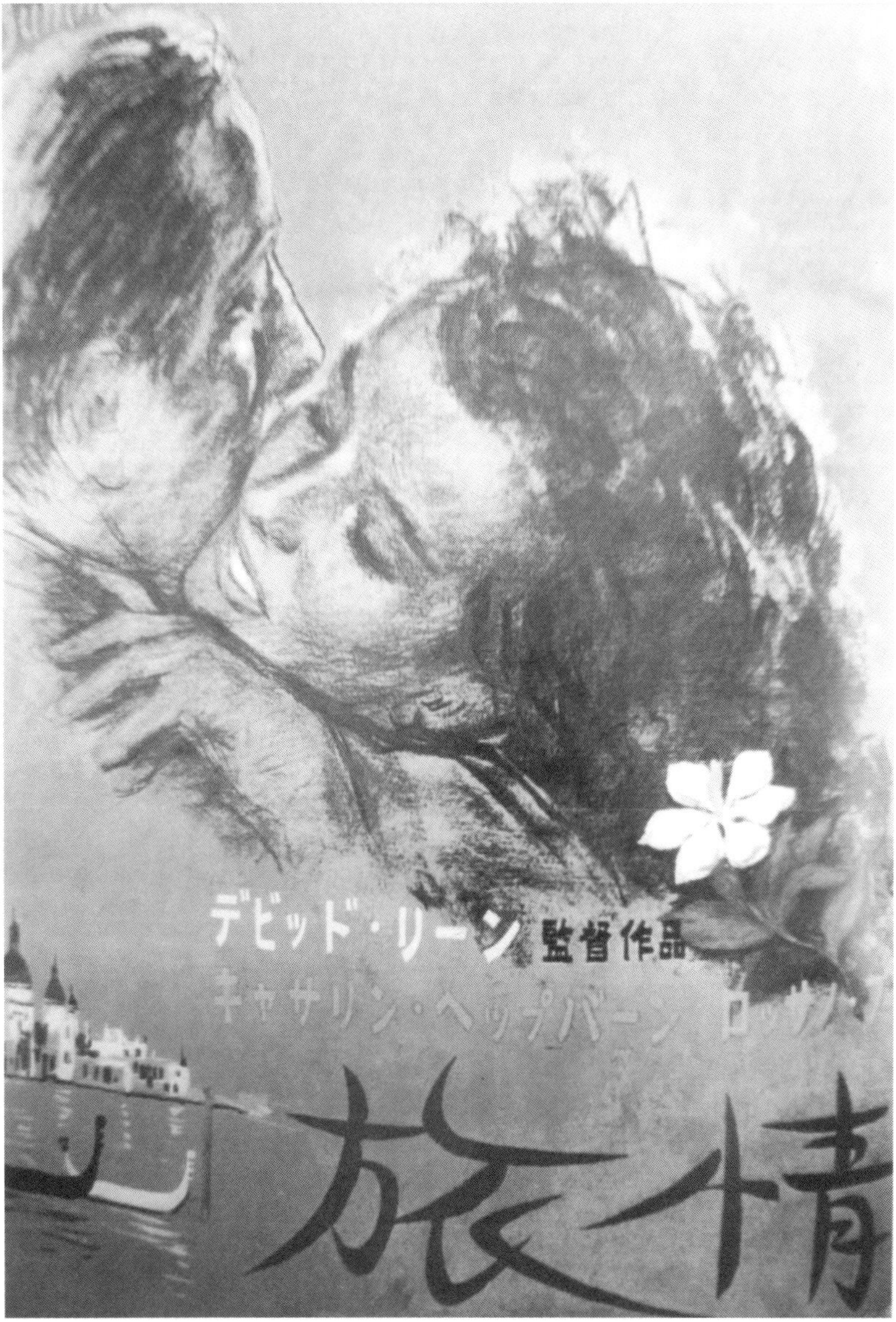

野口久光さんのポスター

襟を正して見る（家族名画）

わが谷は緑なりき

１９４１ 米国

●追憶●

私の父は苦学して社会に出て、明治生まれの頑固さはあったが家族は大切にしていた。

私が小学生の時、父はこの映画（日本公開は１９５０年）を見て感動した話を、男三人兄弟の中で比較的本が好きだった私にしてくれた。内容は細かくは覚えていないが、「男は信念を持って強く生きろ。家族は大切にしなさい。これは大人になれば判る」というような趣旨だったと記憶している。私はこの父の最後の言葉と映画の美しい題名が心に残っていた。大学2年の時、池袋で遂にこの映画を見た。

息子六人、娘一人の九人家族、信仰厚い頑固な父親を中心とした家族の物語に私は素直に感動させられ、以前の父の言葉を思い出して、最後のシーンでは泣けた。

●作品紹介●

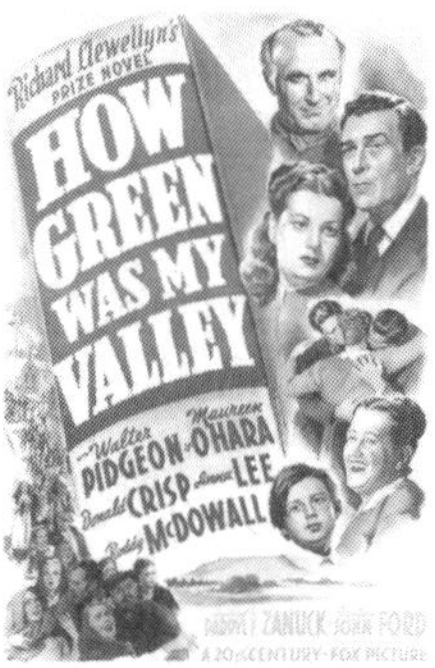

1．スタッフ

監督：ジョン・フォード
原作：リチャード・ルーウエリン
脚本：フィリップ・ダン
撮影：アーサー・ミラー
音響：アルフレッド・ニューマン
出演：ウォルター・ピジョン
モーリン・オハラ
ドナルド・クリスプ
アンナ・リー
サラ・オールグッド
ロディ・マクドウォール

二日後に父が一人でビールを飲みながら食事をしていたので、この映画を見て感動したことを告げると、父は目を細めて「そうか、お前も親や男の心境を理解出来る歳になったか」と言った。私は「特に最後のシーンは美しい映像もあり泣かせられた」と言うと、「そうか。どんなシーンだったかな?」聞かれたので、私は「炭鉱爆発で父は末っ子に抱かれて死んでいく。そして末っ子の回想を込めたナレーションに家族が一番幸せだった映像が被さる。このナレーションが泣かせる」と言って、覚えていた文句を口ずさんだ。

「私の父のような人に死はない。今も一緒だ。思い出の中に行き続けている。永遠に愛し、愛されていた。わが谷は、あの時はまさに緑だった」

これを聞いて父はふと黙った。映画のシーンを思い出し、自分の人生、家族の状況を考え合わせているような気がして、私は「わが家も今が緑なりきかもしれないね」と言うと父は我に返って、「そうかもしれない。今がわが家は緑なりきかな」と静かに言った。

兄が大学4年、私が2年、弟が1年の我が家では、家族がまとまっている生活から社会に出て行く時期が迫っていたのである。「谷」という言葉が耳についたのか、台所に

モノクロ・スタンダード120分
アカデミー作品賞、監督賞、助演賞(クリスプ)、撮影賞、美術賞、装置賞
1951年キネマ旬報ベストテン第3位

2. 物語

19世紀末、ウエールズ炭鉱で働く一家の日々を末っ子ヒュー(マクドウォール)の回想で語る。一家は息子六人、娘(オハラ)一人の九人家族で、父(クリスプ)は信仰に厚く、威厳を持って取り仕切り、気丈な母(オールグッド)がこれを支えていた。長男が新任の牧師(ピジョン)の立会で結婚、質素だが満ち足りた生活が続いていた。この谷も不況で賃金が削減され、息子達は組合を作ろ

居た母が「何処かに旅行に行くのですか?」と聞いてきたので、父と声を出して笑った。

その2年後、私は就職して寮に入り、以後両親と暮すことはなかった。

父と昨年永眠した兄の葬儀等の挨拶で、私は「故人は、これからは我々の心の中で思い出として生き続けていくことになる」と結んだ。

この映画は、私には家族というものを考える意味で忘れられない追憶の名画である。

●再会してみて●

2002年、私は山田洋次監督の『たそがれ清兵衛』(キネマ旬報ベストテン1位)を見た。

ラストシーンは娘の岸恵子が父の墓前で回想する。そのナレーションは「たそがれ清兵衛は、あまり恵まれない男といわれているが、父は名誉も欲も求めず、家族を愛してその生涯を閉じた。そんな父を私は誇りに思う」と結んでいる。この最後の言葉で私は胸がつまった。そしてこの感動は『わが谷は

うとして父と対立してヒューを残して家を出て行く。冬の集会で父の擁護を訴えた母が、帰りに川に落ち、救ったヒューは脚を痛めて歩けなくなる。脚は牧師の努力で春には回復し、牧師とも友達になるが、姉と牧師とを接近させることにもなった。

ストライキは収まったが、谷に見切りをつけ息子達はアメリカへ渡って行った。牧師が身を引いて炭鉱主の息子と結婚した姉の援助でヒューは学校へ通った。炭鉱事故で長兄は生まれてくる子どもの顔も見ずに死んだ。ヒューは進学を断念し、義姉の家で長兄に代わって炭鉱で働き出す。家に戻っていた姉との仲を疑われた牧師は、谷を去る決心をヒューに告げた時、大きな落盤事故が起こった。ヒューと牧師は坑内に入り、父はヒューに抱かれて息を引き取っ

緑なりき』と同じではないかと思った。山田監督はきっと『わが谷は緑なりき』に感動した追体験をこのラストで伝えたかったのだと私は理解した。

●作品鑑賞●

総評

ウェールズの炭鉱を舞台に、不景気下での生活苦と社会不安の中に翻弄される炭鉱労働者の家族を、愛と信仰、憎しみや悲しみの中に捉えて、多彩な登場人物を駆使し、それぞれの性格を浮き彫りにしつつ美しい映像と音楽と巧みな劇的展開をみせた描写は観る者を圧倒する。そしてジョン・フォード監督の人間と家族に対する温かい思いが素直に伝わって感動を呼ぶ名作である。

「偉大な詩的魅力と威厳」を持った作品とニューヨーク・タイムズは高く評価している。再見してみると、社会問題を背景にしていながら、一家族の人生航路を美しいウエールズ民謡やユーモラスな場面（学校で苛められたヒューが拳闘を習い仕返しする等）を混じえて詩的な画面に仕上げている点に感銘した。

た。

愛も信仰も家族との幸福な生活も、今は思い出の中に呼び起こすしかない。我々が生活していたこの谷は、かってはどんなに緑だったことだろう。労働問題を背景にしているが、ウエールズ合唱隊の特別出演による美しいコーラスをバックに、信仰を持った一家の日常生活が温かく描かれて感動を誘う名画である。

個別に感心した点

●語り口の素晴らしさと最後のシーケンスの圧倒的感動、冒頭の回想から画面に引き込まれ、家族と共に歩んで最後の回想が余韻を呼ぶ。

●映像の美しさと力強さ

開始からラストへ導く谷の美しさは、カラー映画よりはるかに深い味わいがある。また当時、西洋絵画の名作と評された数々のショット。

●美しいウエールズの民謡が郷愁を誘う。

●それぞれの人物の描写の彫りの深さと俳優の演技、父親だけでなく、母、末っ子、牧師、姉、義姉も。

改めて気付いたこと

●母親の強さ

私は揺るぎない信念を持った父親を中心とした男性映画のイメージだったが、支える母親の強さが際立っていた。家族の中心は父親だが、強さは母らしいと思った。

●フォードは「死者に語りかける監督」という定評があるが、この作品の回想場面から、『黄色いリボン』で退役する老大尉ジョン・ウェインが、妻の墓前に報告するシーンを思い浮かべて、ここにも感動の要因があることを改めて知った。

〈用語説明〉

【ショット】時間的連続して撮影されたフィルムの頭から末尾のコマまで。

【シーン】一つの場所、あるいは特定の人物の行動を連続して描写したショットの集合体。場所、時間、表現のスタイルが変わると1シーンは終わる。

【シークエンス】シーンが集まって一つの場面やエピソードになったもの。

「映画検定公式テキストブック」より

貧しくとも健気に生き抜く市民映画の名品

おかあさん

1952 日本

●追憶●

成瀬巳喜男監督は、映画史に残る傑作『浮雲』（55）、や『稲妻』（52）等、50年代に多くの秀作を発表している。その中でこの『おかあさん』は地味な作品で、未見の方が多いと思いますが、私には映画の見方を初めて感覚的に知った作品として印象に残っている。

当時の日本映画には、貧しさの為に子どもを手放したりした母の不幸を描いて泣かせる「母もの」というジャンルがあり、三本立ての一本には、この「母もの」が入っていることが多かった。映画の題名がズバリ『おかあさん』なので、私はまた泣く映画かと思ったが、映画が好きなので、近所の映画館に母と見に行った。小学校4年のことである。

見終わって、私は筋を追うのに精一杯だったが、悲しい話なのに暗くなく、心地よい不思議な気分になったような気がした。それから数日後、学校でま

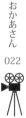

●作品紹介●

1．スタッフ

監督：成瀬巳喜男
脚本：水木洋子
撮影：鈴木博
音響：斉藤一郎
出演：田中絹代、香川京子
三島雅夫、中北千枝子
岡田栄次、加東大介
片山明彦

たこの映画を見に行った。同じ作品を自分の意思でなく2回見るのは初めてだったが、私は友達と違って話の筋が判っていたので、余裕を持って映画を見ることが出来た。筋を追わず、映像を物語の中でどう見るかという見方になっていたのである。言い換えれば「映画を見る」から「映画を鑑賞する」という見方をしていたことになる。

私は幾つかのシーンで気がついたことがあった。例を挙げると

●姉が生活の為に、今川焼きとアイスキャンデーの旗を立てて売る。1回目はおいしそうな物を売るなと思っていたが、2回目は旗と背景を見て、季節が冬から夏に過ぎていったという見方が出来て（私には発見）少し嬉しくなった。

●療養先から逃げてきた長男に母が好物の夏ミカンを小さい妹に買いに行かせる時に「いいかい。果物屋でなく八百屋にするのよ。向こうは高いから」と言う。私の母もよく言う言葉なので可笑しくなった。

●父親と長男は死ぬが、「母もの」なのに死ぬシーンがなく不思議だった。帰ってきて私は母に二つ質問をした。「小さい妹が貰われて行く時、母親の似顔絵を持って行くが、新しい家でその絵を貼ってすぐに外すのはどうして？」と聞くと、母はそのシーンを思い出したのか少し涙声で「それはね。新

モノクロ・スタンダード98分
1952年キネマ旬報ベストテン
第7位

2. 作品紹介

福原一家は父（三島）、母・正子（田中）、長男（片山）、姉・長女年子（香川）、幼い妹次女・久子に叔母・則子（中北）の息子哲夫も預り、戦地で焼け出された洗濯店の再建に家族総出で働いていた。療養所に入院していた長男が、母親会いたさに抜け出してきて、すぐに死んだ。店は戦地帰りの木村（加東）の手伝いで順調だった。美容師をしている叔母・則子が訪ねてきて妹・久子に教習のモデルを頼み、髪を切られた久子は泣いた。祭りの夜、姉の歌に合わせて妹は「花嫁人形」を懸命に踊った。

しいお母さんに対する小さいながらも心遣いだよ。お前たちは幸せだよ」と言った。

「どうして父親や長男の死ぬ場面がないの?」と聞くと、母は困った顔をして「ウーンそれはね……」と明確な答えはなかった。

翌日、学校で友達とこの映画の話をしていると、我々の話が聞こえたのか、私を可愛がってくれた担任の先生が、怪訝な顔をして私の方を見ていた。その時の私は自分の知識をひけらかす可愛げのない嫌な子を演じていたのだと思う。その年の通知表(成績表のこと)の所見欄には「やや大人びた考え方をするところがある」と記されていた。

この作品は環境の違いからか、母や家族の思い出には不思議に繋がらないが、映画を「鑑賞する」という見方を示唆してくれた作品として強く印象に残っている。

●再会してみて●

数年前にテレビでこの作品を見て、作品の本当の価値を知ると共に、各場面を鮮明に覚えていたことに驚いた。そして50数年後、私は母への疑問の答えと、見終わった後の不思議な気分に自分なりの決着をつけた。「母もの」の

病気だった父が亡くなり、母・正子は娘二人と哲夫を抱え、木村の手ほどきで店を切り盛りする立場になった。日曜日、年子は近所のパン屋の息子(岡田)に誘われ、久子と哲夫をつれてハイキングに出かけ、楽しんで帰ると、母から久子を養女に出す話を聞かされ、自分は働くからと反対した。夜、寝床で久子は姉に非難されながらも、自分の意志で養女に行くことを告げた。久子が出て行く前に、一家で遊園地に行き、幼い二人ははしゃいでいたが、乗り物に酔い、疲れた母を年子は心配して見つめていた。久子が母親の似顔絵を持って出て行く時、哲夫は久子が欲しがっていた箱をあげた。それを見て母と年子は複雑な表情で見送った。

則子が来て、哲夫を引き取る決心

ように泣かせる映画ではないので、父親や長男の死ぬ場面など不要であるだけでなく、庶民が生きていくためには、身内の死も一つの通過点として受け止めていくしかなかったとして描いていたのである。各場面が誇張も泣かせようとするあざとさもなく描いて、映画のリズムを乱すことは無かったし、貧しく、苦しくても、矜持を失わずに、未来をみつめて生きていく姿こそ私にも心地よい不思議な気分を抱かせた源泉だったのである。

●作品鑑賞●

総評

水木洋子脚本、成瀬巳喜男監督のコンビ第一作目で、以後『あにいもうと』(53)『山の音』(54)『浮雲』(55)等の秀作を残している。本作は母に対する作文をヒントに、女性らしいきめ細かい脚本と成瀬監督の暗い、悲しい話を日常生活の中で淡々と描くという資質とが合って、余人はまねの出来ない市民(今は庶民)映画の名品が生まれた。

この普遍的題材の作品がフランスで公開され、高く評価されたので調べてみた。

を語り、年子に練習台として花嫁衣装を着せた。美しく着飾った娘を母が眩しそうに見つめている時、パン屋の息子が来て、嫁入りと勘違いしてあわてて帰って行った。息子の母親がお祝いに来たが、誤解と判り大笑いした後、「嫁に行くならぜひ家に」と本音を言ってしまい、年子ははにかんだ。

木村も去り、地方から見習いの子も来て、新しい生活が始まろうとしていた。

静かになった夜、見習いの子は故郷の母に手紙を書きながら居眠りしている。母は布団の上で哲夫の相撲の相手をしてやっている。そこに母を気遣う以下の年子のナレーションが被さり静かに終わる。

「今日もまた静かに夜が更けていきます。そして明日も雀の声で幸せな

フランスでの評価（1955年キネマ旬報3月上旬号）

「主題は何の山場も劇的な葛藤も含んでいず、ささやかな商人家庭の日常茶飯事を単純さで語りながら感動深い場面を提供している。ユーモアと詩が全編を圧倒し、希望と楽しい微笑から涙に近い感動に移行していく。俳優の演技も完璧」（ユニマテ紙ジョルジュ・サドール）

「一見平凡な人生のような単調な話だが、非凡な詩を持っている。この映画の中のすべては清潔であり、謙虚であり、品格がある。この映画を見て覚える我々の感動は真実から生まれるものである」（ル・モンド紙ジャン・ド・バロンセリ）

この評の「詩」という表現こそ「意識しないで感じてくる感動」の源と改めて知った。

ユーモアの場面で単調さを補うが、話の流れは変えない

男の子の泥だらけのズボンの替えがなく、スカートを履かせ、嫌がる子に真ん中を縫って、これでズボンと納得させる。

突然「終」の文字が出て驚くが、明るくなって映画を見に行った場面と判る。

当時の風俗、習慣を巧みに取り入れる

私の愛読している川本三郎さんの昭和の風俗、習慣、物を映像から残す大

朝がやってくるのです。お母さん、私の大好きなお母さん、幸せですか？私はそれが心配です。お母さん、私の大好きなお母さん。いつまでも、いつまでも生きて下さい。お母さん」

変な労作「映画の昭和雑貨店」（小学館）にこの『おかあさん』は最も多く採用されている。

例：のぼり、ちんどん屋、夏祭りの飛び入り演芸会、文金高島田　等

戦争の影をさりげなく描く

叔母則子の夫は戦死で自立のため息子を預けて美容師の勉強をしている。手伝う木村はシベリア帰り、パン屋の息子は戦地から戻らず、母は生死を占っている。

母親は苦しいのに一度しか泣かない

死の近い夫が二人で若い頃頑張った思い出と、これから先の苦労を考えてひっそりと泣く。

女優について

田中絹代は外遊かぶれと批判されていたが、この日本的母の役に成瀬監督は起用してカムバックさせた、また絹代もこれに応える好演を示した。

香川京子の清潔で素直な演技は注目され、以後巨匠たちの多くの作品に起用された。

映画と小説の違いを認識
感覚的映像表現の世界へ導いてくれた

第三の男

1949 英国

●追憶●

何を今更、こんな語り尽くされた映画をと思われる方も多いと思いますが、私を映画という映像表現の世界に導いてくれ、その後も関わった作品として、この作品は欠かせません。

感激した映画、面白かった映画、泣けた映画は沢山あるが、衝撃を受けた映画はこの作品と『仁義なき戦い』（73）の2本しかない。衝撃とは、従来の私の価値観や考え方を変えさせられたという意味とご理解いただきたい。中学の時、友人四人で名画と言われる作品を見ようと新宿の地球座で『海の牙』（仏46ルネ・クレマン監督）と2本立てで見た。

2011年 秋　ウィーン
プラター公園 観覧車

●作品紹介●

1．スタッフ

監督：キャロル・リード
原作：グリアム・グリーン
脚本：グリアム・グリーン
撮影：ロバート・クラスカー
音響：（ツィター演奏）
　　　アントン・カラス
出演：ジョゼフ・コットン
　　　オースン・ウエルズ
　　　アリダ・ヴァリ
　　　トレヴァー・ハワード
　　　バーナード・リー

この『第三の男』の光と影の目もくらむ映像、強弱奏でるツィターの響き、緊張感の連続で何か判らぬ興奮と衝撃を受けた。筋を追って見ている映画とは違うとは漠然と感じていたが、まだその衝撃の意味は良く判らなかった。
夏休みに毎年いく沼津の母の実家には、昔からの「キネマ旬報」が揃っていたので、公開時にこの映画がどんな評価を受けたか調べてみた。当時日本を代表する監督達（田坂具隆、五所平之助、成瀬巳喜男、木下恵介）が「新しい分野の発見」という題での座談会で、この作品を左記のように賞賛していたことに驚いた。

●筋の面白さでなく、映像の表現力で理屈抜きに引っ張っていく映画らしい映画。
●説明的アングルがトーキー後発達してきたが、この心理的アングルでひっくり返された。
●音楽が最初からあり、キャラクターを語っている。
●演出、脚色、俳優、音楽、照明、撮影、全てのアンサンブルがとれて総合芸術としての映画の魅力（見て面白い）に満ちている。
（キネマ旬報　1952年8月下旬号）

私はこれを読んで、素晴らしい映像と音楽で王手、王手と攻められ（田坂監

モノクロ・スタンダード100分
カンヌ映画祭グランプリ
アカデミー撮影賞
1952年キネマ旬報ベストテン第2位

2. 物語

米国の大衆作家マーティンス（コットン）は旧友ハリー・ライム（ウエルズ）の招きで四ヶ国管理下のウイーンに来て見ると、ハリーは自動車に轢かれて、その葬式が行われているところだった。マーティンスは国際警察の英国代表カロウェイ少佐（ハワード）からハリーが悪質な闇屋だったと聞かされた。マーティンスは葬式の時から気になっていたハリーの恋人アンナ（ヴァリ）を訪ねた。彼はさらにハリーの死を偶然

督の言）、陶酔させられて映画の魅力的世界に入っていたのが衝撃の意味だと理解した。

大学2年の時、英語の教材にこの作品が採用されたので、シナリオとテープを購入して繰り返し聴き、また映画も再見した。更に津村秀夫さんの「映画演劇論」を受講し、津村さんがこの作品を「英国映画の伝統を生かしたスリラー風の構成と感覚が鋭く活躍する夜の芸術の傑作」と評価されたのを聞き、ますますこの作品に耽溺していった。

●再会してみて●

この作品には見る度に新しい発見がある。例えば多くの名場面以外にも、好意を寄せた女性に「ホリー」なのに彼女の恋人の名前「ハリー」と呼ばれ苦笑する切なさ、お人好しでおせっかいなアメリカ人に対する辛辣な見方、振られた男が煙草に火をつけて捨てたマッチの煙から繋がるＥＮＤマーク等々がある。この作品は小説と異なり、説明不要で映像で語る映画の魅力を感覚的に教えて貰い、その衝撃と共に私の生涯のベストワンとして不動である。

２０１１年の秋、私は家内とウイーンを訪れ、夕刻に念願のプラター公園

見たアパートの門番から、現場にハリーの友人二人と他に第三の男が居たことを聞き出した。夜、アンナと再度門番を訪ねると、門番は殺されていた。そして昼間見た不気味な男の子に犯人だと騒がれ、人々に追われた。国際警察に逃げ込んだマーティンスは、盗んだペニシリンを水で割って闇に流すハリーの犯罪を知った。

ウイーンを去る決意をしてアンナを訪ねた帰り道、追われて叫んだ彼の目にハリーの顔が闇に浮かび上がった。あわてて追ったがハリーは消えてしまった。マーティンスはハリーの仲介者に頼み公園の観覧車の中で再会したが、ハリーは反省どころか彼に仲間入りを勧めるのだった。アンナの安全とパスポートの発行との引き換えにマーティンスはハ

の観覧車に乗った。当時のイメージとあまり変わらずにゆっくりと弧を描いて上昇していく観覧車の中で、私は50数年前の映像を思い浮かべてやや感傷的になり、「宵闇に記憶も描く観覧車」と駄句を詠んだ（宵闇は秋の季語）。

●作品鑑賞●

総評

（前述の監督の座談会で言い尽くされていますが）敗戦直後のウイーンの混沌とした世相を背景に、第三の男の謎をめぐるスリラー仕立てだが、光と影の目眩めくショットの積み重ねにツィター音色が呼応して、感覚的映像表現の世界を現出している。

従来のストリー性やドラマの論理性、テーマの追求をするのでなく、ハリーの影をめぐる人々の心理的葛藤が生み出す緊張感と鋭く、美しい、魅力的映像で映画的興奮が味わえる。モノクロ・スタンダードの頂点に立つ最も映画的映画と言われている。

映画評論家の見方

「技巧の映画であり、雰囲気の映画あり、映画らしい映画である」

（双葉十三郎）

リー誘い出しの囮になろうとしたが、アンナはパスポートを引き裂いて立ち去った。

少佐からハリーの犯罪の悲惨な犠牲者を見せられ、マーティンスは国際地区のカフェでハリーを待っていた時、アンナが来て、入ってきたハリーに逃げるよう促した。地下水道を逃げ回り、追い詰められたハリーにマーティンスの情けの銃弾が轟いた。

晩秋の一日、本当のハリーの葬式が行なわれた。その帰り道、帰国を前に未練がましくアンナを待つマーティンスに、彼女は一瞥も与えず立ち去るのだった。

「感覚的映像表現至上主義の純化された世界」（白井佳夫）

「音楽と映像の結びつきは相乗効果によって、作品全体に濃密な雰囲気を醸成している。映画というメディアがスクリーンの向こうにもう一つの世界を作り出すことが出来ることを証明している」（渡辺武信）

ストーリー性重視でないので、多面的見方が可能

スリラー劇、サスペンス物、友情と愛情と正義感等が葛藤する心理劇。辛辣な文明批評を含んだ社会劇（米国人に厳しい、悪の魅力、戦後のデカダンス）。

荒廃した生活感情の中での厳しい恋愛劇（ラヴシーンなど無い）。

緩急自在なツィターの響きと名場面の連続（例）

●ハリーが初めて姿を現した闇に浮かぶ顔。

●ホリーとハリーが観覧車で会い、男二人の会話が生み出す緊張感。

●下水道の追撃、路上に突き出る指の刺激的ショット、追い詰められたハリーと拳銃を突きつけるホリーの間に生じる一瞬の感情の揺らめき。

●長回しによる厳しくも、物哀しい余情あるラスト・シーン。

監督、俳優について

キャロル・リード監督はこの作品で名声を博したが、映像派の宿命で晩年はあまり良い作品は残さなかった。俳優では、ウェルズの圧倒的存在感、ヴァリの硬質な美しさ、コットンの巧みさ、ハワードの渋さ、現地の名優による脇役の演技も素晴らしい。

私個人が受けた影響

映画の世界に魅せられただけでなく感覚重視の姿勢が仕事にも反映してしまった。

●私の信条を聞かれると、「理論的理解から感覚的把握へ」と答えている。

●規則等の文章を作成する時、つい感覚的表現をして叱声されることがある。「真実は苦い」（予算は実態を踏まえて組むよう強調したが削除された）「情報システム受注の犠牲となり、値引きを余儀なくされたソフトウエア制作費」（何故か「犠牲」「余儀なくされた」は会社用語では不適用語なのに採用された）

老いと諦観
そして隣合わせの死と

東京物語

1953 日本

●追憶●

小津安二郎監督は終生「家族」というテーマで作品を撮り続け、その作品は年齢を重ねるとその味わい方も変わってくると言われている。

「親と子の成長を通じて日本の家族制度の崩壊を描いた」（本人の弁）というこの小津芸術の集大成と言われる作品は、とりわけこの傾向が強い。私は大学時代にこの作品を見たが、子供達に厄介者扱いされるドラマ性のある前半より、田舎から出てきて子供という自分の生きた証を確認して、突然、そして静かに死んでいく老母の葬式後の後半が印象に残っていた。そして死と隣り合わせで老いていく孤独さを感じたことを覚えている。当時50過ぎの先輩に、「あれは老いを主題に人生の哀歓を描いた素晴らしい作品だ、でも若い君には分かるまいが、とても怖い、恐ろしい映画だ」と言われた。私には「怖い」「恐

●作品紹介●

1．スタッフ

監督：小津安二郎
脚本：野田高悟、小津安二郎
撮影：厚田雄春
音響：斉藤高順
出演：笠智衆、東山千恵子、原節子
山村聡、杉村春子、香川京子
大坂志郎、三宅邦子
東野英治郎

ろしい」感じはしなかったが、老母の突然の死から葬儀までの印象が強く、会社の新聞の寄稿依頼に、「隣り合わせの死」という題で書いたので引用させていただく。(1972年7月)

1969年の5月、私は祖父の死に立ち会った。(中略)到着すると私はすぐ事態が切迫していることを悟った。死の床に緊張した空気が流れ、医師が注射を打って脈を取り、ご臨終ですと言って頭を下げた。祖母や母が泣き叫んだが、その声が涙を誘って慟哭が起こり、その慟哭が、社会的には恵まれなかったが真直ぐに生きた祖父の生涯を美しく甦らせた。

私も胸がつまった。私は一人の人間が生から死への過程をはじめて実感として捉え、「生」と「死」の近い距離を感じた。それから先は生きている人間の仕事だった。通夜、葬儀は型通り行われ、集まった人々は元の自分の生活へと戻って行った。(中略)

2年後、私は妻と二人で祖父の墓参りをした。祖父の死後、生きている私は転勤、結婚して生活は公私とも大きく変わった。山の麓の墓は静かで、まだ新しい墓石に水を掛けながら石の裏側にまわった。そこには白く彫られた祖父の名と、朱色で彫られた生きている祖母の名が鮮やかな対比を見せてい

モノクロ、スタンダード135分
1953年キネマ旬報ベストテン第2位
芸術祭賞、各国映画祭で受賞
BBC21世紀に残したい映画に選出

2. 物語

尾道から老夫婦の平山周吉(笠智)とみ(東山)が、教師をしている末娘京子(香川)に送られ、成長した子供たちに会いに出てくる。長男幸一(山村)は郊外で病院をやっている。そこへ場末で美容院を経営している長女志げ(杉村)、会社勤めをしながらアパートで暮している戦死した次男の嫁紀子(原)もやって来て、久しぶりに家族が揃った。

歓待の気持ちはあっても、仕事に

た。その鮮やかな対比が「生」と隣り合わせの「死」を象徴しているように思われた。

今読み返すと青臭い文章で恥ずかしく「それから先は生きている人間の仕事だった」だけが辛うじて合格という程度である。

私は日常生活をさりげなく、余白を持って描く（本人の弁）小津作品には弱いのである。例えば、長年連れ添った夫婦の何気ない会話がある。

夫「そうだろう？」

妻「そうかしら？」

夫「そうさ」

妻「そうね」

この主語も装飾言もない会話から、意の通じた夫婦の細やかな関係をしみじみ感じさせる描写など誰も真似できるものではない。これをつまらぬ会話で退屈と思うか、情感を持ったしみじみとした描写と思うかは各自に任せて、分かる人が分かればよいという姿勢で迫ってくるのである。

何か試されているような気がするのは私だけだろうか？

忙殺されている子供達に厄介者扱いされた老夫婦を紀子が東京見物に案内してくれ、戦死した次男の写真が飾ってあるアパートに招いて温かく歓待してくれた。

幸一と志げの計らいで熱海の温泉に泊まった二人は、騒音で眠れず、田舎へ帰る話をして、立ち上がったとみは一瞬よろめいた。

志げの家に戻った二人は泊まる場所が無く、周吉は旧友を尋ね、とみは紀子のアパートへ向かい、そこで紀子に感謝しながら次男の布団で寝た。周吉は旧友と互いに子供に失望したことを語り、泥酔して夜中に旧知の沼田（東野）を連れ帰り志げを困らせた。

見送る子供達にとみは「もう思い残す事はない」と告げ、途中で寄った次男（大坂）のいる大阪で倒れ、尾

●再会してみて●

今、老父の年齢になってこの作品を見直すとその凄さが判る。「怖さ」「恐ろしさ」も感じるが、老いる厳しさ、寂しさは伝わってきても暗くはない。それはユーモアと共に、私の感じた「生」から「死」だけでなく。その先の「生」まで描いていたからである。

教師をしている末娘への生徒の丁寧な挨拶や勉強する姿、唯一肉親で心の通じた長男の内気な孫と老母が遊ぶ場面等で次の世代へのメッセージも送っているのである。

また映像で語る映画なので、「田舎と都会」「老いと若さ」「期待と失望」「肉親と他人」等対比をさりげなく設定しているが、注目すべきは、「期待と失望」の中で、その中間とも言える「諦めと悟り」を入れて、現実を受け入れて老いていくことの意味を描いていることである。子供達の対応に失望した夫婦の次の会話には唸る。

夫「なかなか親の思うようにはいかんもんじゃ（二人寂しく笑う）。欲言えば切りがないが、まあええ方じゃよ」

妻「ええ方ですとも。よほどええ方でさ。私ら幸せでさ」

夫「そうじゃのう……まあ幸せな方じゃのう」

道に戻るとすぐに静かに息を引き取った。

葬儀後、子供達は後片付けを紀子に頼み、そそくさと帰って行った。そんな勝手な態度に京子は怒るが、紀子は「皆自分の生活が大変なのだ」と優しく諭し、東京へ来ることを誘った。静かになった家で別れを告げる紀子に、周吉は感謝の気持ちを述べ、「気兼ねせず自分のために生きるように」と言い、とみの形見の時計を渡した。

紀子は、自分はそんないい人間ではない「ずるい」と初めて心情を吐露するが、周吉は優しく「やはり貴方は正直ないい人だ」と言い、その優しさに触れて紀子は涙した。

一人になった周吉は、隣の細君に「一人になると急に日が永ごうなり

妻「そうでさあ。幸せな方でさあ……」

二人は「幸せ」とは言わず、「幸せな方」と言っているのである。

また、途中で挿入される夥しいカットインや老妻の明け方の死に外に出た老夫が「ああ綺麗な夜明けだったよ。今日も暑うなるぞ」という言葉の意味などまだこの作品の深さには理解の届かぬところが多いことも実感した。

●作品鑑賞●

総評

家族のあり方、その崩壊までを、親子関係の絆の不思議で微妙な関係（愛情に慣れすぎていることからくる軋轢）と老いていくことの意味を静かに描き切った小津芸術の最高傑作と言われ、この普遍的テーマで今や世界の中の名画の最高峰の一つと言われている。

この作品の深さは、老いた親への厄介者扱いする子供の対応などという表面的なことより、日常的な都会生活の多忙さによる戦後の日本人の考え方の変質や、個人の持つエゴイズムの拡大を冷徹な目で見つめ、老いの孤独感だけでなく、老いて「死」に向かい、「死」が訪れても日常生活は何も変わらないという恐ろしさまでを端正で品格ある筆致で描いていることにある。穏やか

ますわい」と言って団扇を使った。

静かな海に1台となったポンポン蒸気船がゆっくり進んでいった。

さの中に哀しさを持った作品であると言える。

ファースト・シーンとラスト・シーンの繋がり

●老夫婦の細やかな愛情ある関係（空気枕を捜す時の老妻の穏やかな対応）。

●隣の細君との会話（お楽しみですね。お寂しいですね）。

●変わらぬ風景を微妙に変えて写す（二隻の船が一隻）。

きめ細かい描写が多い

●老妻の何度も使う言葉「ありがとよ」。

●団扇の使い方、老夫は背広はダブダブで浴衣に着替えると似合う、老妻は常に和服。

磨きぬかれたセリフを味わう（例）

●肉親の甘えと他人の気遣い（夕食の歓待の献立での会話）。

長男の嫁「すき焼きでいいかしら？」
長男「いいだろ」
嫁　「お刺身か何か？」
長男「すき焼きでいいよ」
長女「そうよ。お肉でたくさんよ」

杉村春子の演技

小津が造形した都会生活でイライラし、ズケズケ本音を言う長女に扮した杉村春子の演技は鋭く、作品の流れを乱すほど達者である。喪服を持参(他人の原節子は持ってこない)、母の死に号泣しながら葬儀後は形見分けを要求、さっさと帰る。

現在の俳優にない原節子と香川京子の慎ましい演技

この美しい二人の慎ましい演技は作品に清涼感を与えている。他人なのに心の通じ合った会話後立って別れに手を握り合う場面は香気が漂う。

小津芸術が到達したのは

核家族化した現在、若い人に家族の崩壊など当たり前のことと言われる。その通りである。だから凄いのである。60年前、家族制度がまだ存在した時代にその崩壊を予見し、これを肯定も否定もせず、淡々と独自のスタイルで描いただけでなく、他人の次男の嫁と末娘の細やかな対話、そして評論家も絶賛したラストの老父と嫁の他人だが皆の勝手さに寸止めしていた気持ちを互いに一気に吐露する対話が、静かだが圧倒的感動を呼ぶ。更に静かな自然の中で孤独に生きていく老父の老後の姿で締めくくっている。

「ありうることを、ありうるように描く」小津芸術はこの作品で「ありうるであろうことを（多少の願いを込めて）、ありうるであろうように描く」域にまで遂に到達していたのである。

独身ＯＬには眩しかったヴェネチュアの陽光と景観
キャサリン・ヘップバーンの演技を堪能する

旅情

1955 英国

●追憶●

この映画の原題は「Summertime」であるが、この旅する人の歓びと哀愁を美しいヴェネチュア（公開時はヴェニス）の景観の中で描いた作品を、「旅情」という名タイトルを付けたのには感心する。しかし私はこの原題にも感心している。

長年秘書の仕事をしていて、人生の「春」はとうに過ぎ「夏」どころか「秋」にさしかかった独身のアメリカ女性が、憧れのヴェネチュアで、思いがけない恋に落ち、まばゆい「夏の日」を過ごし、そして去っていくという人生の哀感を、情感を持って描いたこの作品に相応しい題であると思う。

●作品紹介●

1．スタッフ

監督：デーヴィッド・リーン
原作：アーサー・ローレンツ
脚本：デーヴィット・リーン
　　　H・Eベイツ
撮影：ジャック・ヒルデヤード
音響：アレッサンドロ・チコニーニ
出演：キャサリン・ヘプバーン
　　　ロッサノ・ブラッツイ
　　　イザ・ミランダ

私にはこの作品は三つの思い出がある。

私の家の向かいに私の母親と同じ位の年齢の独身の女性が居て、我々が登校する頃に、都心の会社へひっそりと通勤していた。1959(昭和34)年、皇太子御成婚があり、テレビのある隣の家に見に行った時、その女性も来ていた。皆、美智子妃の美しさに感嘆の声を上げていた時、その女性が何かこれを否定する発言をした。私は驚いてその女性の顔を見たが、女性は無表情でテレビを見つめていた。この映画を見た時、この記憶が浮かび、御成婚の華やかなムードと自分の状況の落差があの発言に繋がったのかと勝手に想像した。

ヘプバーンによって初めて演技力というものの凄さを味わった。「女性は恋をすると美しくなる」と言われる。前半の寂しげな女性が恋に落ちると急に美しくなる様子を、骨太で、大柄でシワもあるヘプバーンが見事に演じている。本当に表情も動きも綺麗になるのである。その変化を不思議に思うほどだった。

私は大学で津村秀夫さんの映画演劇論を受講

カラー・スタンダード 101分
1955年キネマ旬報ベストテン第4位

2. 物語

長い秘書生活で38歳になり、婚期を逸したジェーン・ハドソン(ヘプバーン)は休暇を取り、憧れの水都ヴェネチュアにやって来る。中年女性フィオナ(ミランダ)の営むホテルに泊まり、美しい景観に興奮して8ミリを回して街を撮りまくる。

しかし周囲はカップルばかりで孤独感を味わい、ぼんやり運河の石段にたたずんでいた。そんな彼女をサンマルコ広場のカフェで見つめる中年紳士レナート(ブラッツイ)がいた。

翌日、少年の案内で街を歩き、小

したが、津村さんはこの『旅情』を、米国映画にない英国映画の節度と教養、ヘプバーンの演技の素晴らしさ、カラー映像の見事さが強調されていた。私は当時の著名な評論家、双葉十三郎さんと南部圭之助さんの批評を読んでからこの作品を見た。いわば映画の鑑賞の仕方としては邪道の見方をしたことになる。だが、そんな過剰な予備知識があっても、この作品は分かり易く、情感ある文句ない恋愛映画の名作であると改めて思った。特にラストシーンの余情が爽やかな印象を残してくれた。

去り行く列車の窓から遅れて駆けつけた男性の差し出す思い出のくちなしの花に男の真情を感じて、身を乗り出して懸命に手を振り、そこに甘美な主題歌が流れる。この女性はきっと帰国後はまた単調な日々を重ねるとも、このヴェネチュアの夏の日の思い出を糧として生きていけるであろうと思わせる余韻が爽やかな味わいを持たせてくれるのである。

さな骨董店で真紅のゴブレットに目が留まり、中に入るとカフェで会った中年の紳士の主人が出てきたので、あわてて買って店を出て行った。夕暮れに広場のカフェに心待ちして行ったが失敗した。

翌日にレナートがホテルを尋ねてきて、夜広場で出会い、二人は次第に打ち解けてきて、デートを楽しみ明日会う約束をして別れた。翌日は髪を直し、いつもの飾り気のない服を、イタリア風の洒落た服にして広場のカフェで待ったが、レナートは現れず、息子が遅れると伝えに来た。レナートが妻帯者と知ってジェーンは失望し、みじめな気持ちになり、遅れて来たレナートに怒りをぶつけた。しかし、男と女が出会って、愛し合う、その気持ちに理屈はないというレナートの言葉に心を揺さぶら

●再会してみて●

2012年の秋、友人と三人でこのヴェネチュアを訪れた。時期も晩秋の年齢も「夏の日」には相応しくなかったが、サンマルコ広場は私のイメージとは違っていなかった。夕暮れ近い時間に、椅子を並べた例のオープン・カフェと何度も鳥の飛び立った寺院の屋根を見つめながら、私はこの地にこの年齢で来られた健康な体を与えてくれた両親と同行してくれた友の友情に感謝しつつ、時の流れの不思議さを味わっていたのである。

●作品鑑賞●

総評

原作はブロードウェーで上演された戯曲「カッコウ鳥の季節」である。春の訪れを告げる鳥カッコウが、主人公ジェーンの遅い春の到来を、美しいヴェネチュアで告げ、陽光きらめく夏に至り、そして去って行くというアメリカ人ハイミスの哀感を繊細なタッチで情感をもって描いた大人の恋愛映画の名作である。双葉十三郎さんが指

れて、二人はデイナーからナイトクラブへと恋人同士の一夜を楽しんだ。

次の日から島巡りやヴェネチュアングラスの産地を訪れ、全てを忘れて夢のような日々を過ごした。しかし、ジェーンは我に返り、若くない自分がこの時を大切にするためにも別れて帰る決意をした。

そしてこの甘美な思い出を大切にあたためて生きていけるという思いを胸に、レナートを心待ちしながら別れの列車に乗った。汽車が発車した時、遅れてレナートが姿を見せ、間に合わないと判り、思い出のくちなしの花をかざした。レナートの真情を知ったジェーンは、窓から身を乗り出して、いつまでも、いつまでも手を振るのだった。

そこに甘く、美しい主題歌「サマー

摘するように、リーン監督の感覚、素晴らしいカラー撮影、ヘプバーンの卓抜した演技、そしてヴェネチュアの美しい景観がこの詩情をにじませ、心に残る作品を生み出したのである。

冒頭の会話でテーマを語りつくす洗練されたセリフ

女主人「奇跡を起こすのは積極性よ。待つだけでは駄目よ」
ジェーン「母がよく同じことを言っていたわ」「米国では50歳でも女の子よ」
女主人「女の子は(この旅行に)何を期待しているの?」
ジェーン「欧州文化に触れることも頭で考えるし、香水などの買い物も楽しみの一つよ。でも、心の奥のずっと奥で求めているのは、奇跡、心ときめく出来事」
女主人「ロマンス?」
ジェーン「失った時間を取り戻すことかしら」

ヘプバーンの名演技

米国ではヘプバーンと言えばオードリーでなくキャサリン・ヘプバーンのことである。このアカデミー賞を4度受賞した名優はそれほど尊敬されている。南部圭之助さんは、「舞台で鍛えた正確な線の動きと自身の個性を映像で出せる確かさで、喜びや悲しみ、淋しさ、ロマンティックな甘さ、ためらいも

タイム・イン・ヴェニス」の曲が流れる幕切れである。

情感をもって景観の中に溶け込んで演じているのである」と賞賛している。

（「スクリーン」1955年8月号）

私には揺れ動く心理で物憂げにたたずむ場面、ラストの表情と右手一本で別れの哀感を表現する場面などは歌舞伎の名優の演技を見ているようだった。

きめ細かい描写と美しい映像

●主人公の心情を反映するように鳥の飛び立つカットが5ヶ所あり、寺院の上からの俯瞰が素晴らしい効果をあげている。この手法は次作の『戦場にかける橋』（57）にも採用され、平和な静かな森に銃声1発、一斉に飛び立つ鳥で戦闘を予兆し、戦闘が終わり静かになった戦場に一羽の鳥が舞い降りるラストと二ヶ所に見られる。

●何回も着替えるジェーンの服は、レナートに会うためのイタリア的服に比較してアメリカ的でダサイ。

●ジェーンを案内する戦災孤児の描写にも味わいがある。ジェーンの孤独さを察し、明るく

振る舞い、特にラストでただ一人見送りに来て、男の子としての矜持を見せて別れるところがいい。

●くちなしの花の扱いが効いている。レナートに買ってもらったこの花を夜の運河に落とす。レナートは拾えず、流れていく花に結ばれぬ恋の結末を象徴させ、ラストでの彼の気持ちを伝える思い出の白い花として用いている。

アメリカ人気質とイタリア人気質

アメリカ人夫妻の観光にあくせくする姿を皮肉に描き、アメリカ人女性の単純な倫理観とイタリア人の自己の欲望に忠実に行動するという成熟した倫理観がぶつかり、後者の方に傾くが、最後には元に戻って去っていくところに哀感が滲む。

リーン監督について

『逢いびき』(45)『旅情』(55)と心にしみる小品の名作生み出した後に『戦場にかける橋』(57)『アラビアのロレンス』(62)『ドクトル・ジバゴ』(65)と骨太の大作を発表している。１９６３年に来日した時のインタビューで、小品でも大作でも高度の芸術性と質を維持する秘訣を聞かれてこう答えている。

「重要なのは、簡潔、決断、集中である。何を描くかをよくよく狙い、映画表現でこれでいこうと思ったら、断固ハラを決め、ありとあらゆる物をそこに集中する。——恋愛も同じですな——脚本もカメラも演技も音楽もすべてその狙いに結集させることである」（「スクリーン」1963年5月号）

納得出来るが耳の痛い言葉である。

2012年 ベネチアにて　著者

1スジ（脚本）2ヌケ（映像・演出）3動作（演技）の結実
強力コンビによる清張映画の傑作

張り込み　1958日本
ゼロの焦点　1961日本
砂の器　1974日本

●追憶●

社会推理作家として「点と線」清張ブームを巻き起こす以前に、私は、江戸川乱歩編集の探偵小説の専門誌「宝石」に連載していた「ゼロの焦点」を読んでいた。新婚一週間で失踪した夫を、厳冬の金沢や能登で捜す新妻というストリーの新しさと、厳しい北陸の風土の描写が魅力的だった。著者が余程力を入れて取材していたのか、休載することもあり、創作ノート等が掲載されることもあった。1961（昭和36）年に映画化され、作品も良かったが、北陸の厳しい風景の映像が素晴らしく、大学最初の夏に能登金剛に行った。しか

●作品紹介●

1．スタッフ

『張り込み』

監督：野村芳太郎
原作：松本清張
脚本：橋本忍
撮影：井上清二
音響：黛敏郎
出演：大木実、宮口精二、高峰秀子
田村高広

モノクロ・スコープ116分
1958年キネマ旬報ベストテン
第8位

し夏では、海の色の「青」でなく「碧」以外は冬の厳しさはなく、断崖の下の岩場で泳いだ記憶がある。

清張作品は続々と映画化されたが、脚本橋本忍で野村芳太郎監督の作品以外は、筋を追うだけの平凡な作品ばかりだった。何故このコンビの作品が傑作を生み出したのか、三作品を例に取り上げてみる。日本映画の父牧野省三監督は、映画制作の大切な心構えを、1スジ（脚本）、2ヌケ（映像、広義では演出）、3動作（演技）と言われたが、このコンビの作品は正にその結実であるといえる。

●再会してみて●
脚本の素晴らしさ

私が日本一の脚本家として尊敬する橋本忍さんについて書かれた「脚本家橋本忍の世界」（村井淳志氏著、集英社新書）では、「原作がある脚本の醍醐味は、原作を大幅に改作することで、その真髄をいっそう浮かび上がらせることにある。特に『砂の器』では、話もゴチャゴチャして、人物の描写も類型的な原作の問題点を全て殺ぎ落とし、原作の良い点だけを、極限まで拡大して料理している」と書かれている。

『ゼロの焦点』

監督：野村芳太郎
原作：松本清張
脚本：橋本忍、山田洋次
撮影：川俣昂
音響：芥川也寸志
出演：久我美子、高千穂ひずる
有馬稲子、西村晃

モノクロ・スコープ100分

この原作と映画の違いを端的に表すのは、その長さである。

『張り込み』　原作28頁（文庫本ベース）　映画１１６分

『ゼロの焦点』　原作４６５頁　映画１００分

『砂の器』　原作９００頁　映画１４３分

原作との変更点を中心に、記憶にある印象的な場面を挙げてみる。

『張り込み』

変更点は刑事を一人から二人に、季節を秋から夏に変えている。

冒頭、二人の刑事が張り込みに横浜駅から佐賀に夏の夜行列車で行く場面を、伝説となった素晴らしいドキュメンタリータッチ（汗、ランニング、扇風機、朝、駅弁、機関車の煙等）で撮り、旅館から犯人の元恋人を見張る窓を開け、「張り込みだ」と呟き、画面いっぱいにタイトルが出る。ゾクゾクさせる見事な導入部である。夏に変更したので、印象的な夕立の場面や夏祭りの中の追跡などの場面で効果をあげている。またヴェテランと若い刑事のコンビ俳優の好演もあり、作品に味わい深さを加えている。

『ゼロの焦点』

複雑なストリーを大胆に組み替え、後半40分を回想をまじえた犯人の告白にして、映画として分かりやすくした点に感心する。原作の魅力の北陸の雪

『砂の器』

監督：野村芳太郎
原作：松本清張
脚本：橋本忍、山田洋次
撮影：川俣昂
音響：芥川也寸志
出演：丹波哲郎、加藤剛、森田健作
加藤嘉、島田陽子

カラー・スコープ１４３分
１９７４年キネマ旬報ベストテン
第2位

と寒さの厳しい風土は、素晴らしい映像で撮られ、小柄な久我美子が新婚の夫を捜す場面で哀しみも伝わってくる。

『砂の器』

橋本さんは共同脚本の山田監督に「この作品にはひとつだけいいところがある」と言われ、原作の「福井県の田舎を去ってからどうやってこの親子二人が島根県までたどり着いたかは、この親子二人にしかわからない」という記述を示し、「ここだぞ、この映画は」と言われた。山田さんも巡礼姿の親子が、雪降る冬の海岸や、櫻の村里、太陽が照りつける畦道を歩くイメージが一気に湧き、更に、捜査会議と犯人の新作発表日を同じ日にするというアイデアが出て、シナリオ構想が出来上がったそうである。(「脚本家橋本忍の世界」)

橋本さんは、また競輪に例えて、「残りの4分の1でいきなり最後尾から大外を回り、一気に(追い上げ)マクリをかけた」と言われたそうだが、このラストの40分が美しさと哀しみを混えた映像と音楽で素晴らしい感動的場面を生み出し、一般の人が選ぶオールタイム・ベストテンでは第4位という評価になっているのである。

映像と演出について

いくら脚本が良くても、これを生かす演出とカメラがなければ駄目である。

---

2. 物語

『張り込み』

殺人犯(田村)を追って、佐賀にいる元恋人(高峰)のところに二人の刑事(大木、宮口)が向かい、木賃宿で真夏の張り込みを続ける。吝嗇家の銀行員に嫁いだ薄幸な女の日常生活を細かく描写しながらサスペンスを盛り上げ、犯人逮捕までをドキュメンタリータッチで描く。

『ゼロの焦点』

新婚七日目に、前任の金沢へ引継ぎに戻った禎子(久我)の夫は消息を絶った。北陸の灰色の空の下、行方を尋ね歩く禎子は遂に夫の知られざる過去を突き止める。そこには戦争直後の混乱が招いた悲劇が浮かび上がってくるのだった。

また優れた映像の世界を作り出すには、脚本家との信頼関係がないと出来ない筈である。

橋本さんは、２００６年に発表された、黒澤明監督との関わりをまとめた「複眼の映像」（文芸春秋社）で、野村監督との出会いと共同の仕事について書かれている。

橋本さんは、松竹で『白痴』を撮っていた黒澤監督に野村さんを「日本一の助監督」（監督の意図を的確に理解し、演出も出来、脚本も書けるだけでなく、管理能力に経営感覚もある稀有な才能の持ち主）と紹介された。

二人の最初の作品『糞尿譚』（57）は脚本を野村監督が修正したので、あまり良い作品にはならなかった。しかし、次作『張り込み』を見て、全く脚本通りに撮り上げたのに驚いた。前作の失敗は脚本の無断改定が原因と鋭く見抜き、次回作ではすかさず対応し、一切改定しないのには（黒澤さんの言った通りだと）脱帽した。監督にこんな仕事をされたらライターは、いい加減なことも手抜

『砂の器』

国鉄蒲田駅で男の扼殺死体が見つかる。老練な刑事（丹波）と若い刑事（森田）が組んで、二人の会話「カメダ」を手がかりに、島根県亀嵩を突き止め、被害者がそこの巡査であることが判明する。巡査が引き取った親子の息子で、脚光を浴びている作曲家（加藤）を割り出し、犯行の動機がハンセン病の父を持つ自分の過去を消すためと分かる。ラスト40分は、親子の放浪と作曲家の新作「宿命」の発表会と捜査会議とを並行して描き、交響楽団の演奏のメロディーを被せて、日本の美しい風景の中に差別という社会的メッセージまで込め、犯人逮捕までの感動的場面を現出した。

清張氏から原作を超えた作品と評価された。

きも出来なくなってしまうものなのである。
私はこれを読んで、このコンビの強さと傑作誕生の秘密を知ったのである。

●作品鑑賞●

総評

三作品とも清張原作のサスペンス物の良さを生かしながら、読む物から見せる物へと改訂して、見事な映像としての作品に仕上がっている。脚本と演出の信頼関係が生み出した好例で、以後の推理物の制作に大きな影響を与えた。

後世に与えた影響

『張り込み』

原作物を映像化するお手本と言われ、また探偵物、サスペンス物を初めて芸術の域に高めた作品と言われており、「清張物」というブランドを今のテレビドラマに残している。今では当たり前だが、開始から12分後にタイトルが出て、クレジットタイトルは最後に詳しく出るのもこの作品からである。

（最初のタイトルでは、主演俳優の四人だけ）

1962（昭和37）年、大学最初の夏に訪れた能登金剛

『ゼロの焦点』

犯人が犯行を告白する場面を犯行現場の断崖で行うが、現在のテレビドラマはこれを踏襲しているものが多い。

『砂の器』

ラストの同時並行して二つ以上の場面を流す手法は多くの作品に見られる。

またこのラストの感動は別の政治的影響も与えていたらしい。

1996年、らい病予防廃止が実現し、2001年原告127人に総額18億円の支払いを命じた。敗訴した国が控訴するか注視されたが、小泉首相（当時）は元患者九人と面会し、握手して「控訴せず」を決断した。週間朝日は、弟さんの話として、小泉首相は、『砂の器』の親子の情愛やハンセン病の辛さが浮かび上がるシーンに感動していたので、控訴しなかったのは理屈ではなく自然の気持ちだと報じた。

俳優について

主役だけでなく脇役に印象に残る演技が多い。

宮口精二の渋い演技（『張り込み』）、西村晃の鋭い演技（『ゼロの焦点』）、加藤嘉の哀しみをこらえた悲痛な演技等である。

『砂の器』で丹波哲郎はいいが、森田健作の演技が拙劣で『張り込み』の二人に比較して刑事コンビの味が出ていない。また作曲家の加藤剛の演技が硬く、演奏中、刑事が「彼は今父親と会っている」と言う名セリフのような、万感胸に迫ると言う雰囲気が余り出ていない。それでもこんな多少の弱点など物ともせず、音と映像で盛り上げた演出力はやはり凄い。

企業人の立場で

前述の「複眼の映像」には、野村監督についての興味深いエピソードが書かれている。

橋本さんは、橋本プロ製作の『砂の器』の大ヒット後に訪ねた松竹の城戸社長に「自分は野村監督を後継者として考えていた。彼に独立プロ形式の『砂の器』など撮らせて、彼から管理者の気持ちを失わせ、生涯監督の一人にしてしまった。迷惑だよ。おかげで松竹は将来の大黒柱をなくしてしまった」と叱責されたそうである。

橋本さんは、気遣ってか、黒澤監督の紹介がなければ会う機会もなく、これは運命だと言われているが、私はそうは思わない。橋本さんだけでなく、黒澤監督もその稀有な才能を認め、何より自分も認めて後継者と考えていたの

1962(昭和37)年、大学最初の夏に訪れた能登金剛の下の岩場

に、決断の遅れからか、その機会を逸したのは城戸社長の責任である。トップの経営者にとって、自分の後継者を決めるのは最大の仕事の一つであるのに、これが出来なかったのは経営者としては失格である。この人事が実現していれば、現場出身の初の社長として統率力や管理力はもとより、先見力を発揮し、時代の変化に対応して社業を発展させる可能性は十分あったのに残念でならない。

企業人の立場で、また松竹の株主である私の立場で言わせていただければ、伝統もあり、歌舞伎という有力なコンテンツを持ち、都心に立派な劇場を持ちながら、経営者に人を得ず、変化への対応が遅れて、ライバル東宝に大きく離されてしまった松竹の現状を見れば、その失政は明らかである(直近の決算では松竹は東宝の売上高40%、営業利益18%)。この強力コンビは、作品の上だけでなく、松竹という会社の命運を左右するドラマまで描いていたのである。

粋なギャングとしがない運転手
名優ギャバンで味わうフランス映画の香り

現金に手を出すな
ヘッドライト

1954仏
1956仏

●追憶●

中学時代に映画通の友人が「フランス映画の香りを体現する俳優は、若く美しいジェラール・フィリップとギャバンの二人だ」と言ってから我々を見て、「顔と体型からフィリップは無理だが、ギャバンのような粋な中年になれるよう努力は出来る」と生意気なことを呟いた。そして渋谷の名画座で『現金に手を出すな』を見て、数ヶ月後に『ヘッドライト』も見た。皆、ギャバンの演技とフランス映画の良さを味わった。

約20年前、米国で仕事後会食となり、日本通の人が「渋い

●作品紹介●

1. スタッフ

『現金に手を出すな』

監督：ジャック・ベッケル
原作：アルベール・シナモン
脚本：ベッケル・シナモン
撮影：ピエール・モンタゼル
音響：ジャン・ウイエネ
出演：ジャン・ギャバン
ルネ・ダリイ
ジャンヌ・モロー
リノ・ヴァンチュラ

とはどういう感じのことか?」と質問してきた。私は「年齢を重ねて出てくる落ち着いた感じだ」と同僚に通訳してもらったが先方は納得せず、「年寄りの経験からくる良さか?」と切り込んできて皆詰まった。私は渋い俳優の月形龍之介、宮口精二とギャバンが思い浮かび、「例えばジャン・ギャバンのような味わいのある人だ」と答えたら、相手は大きく頷いた。私はギャバンに救われたのである。ただ、翌日の会食で映画の話が私に集中し、四苦八苦して冷汗をかいた記憶がある。

今回はギャバンを通じて、今はあまり語られなくなった古典的フランス映画の魅力を取り上げてみたい。

●再会してみて●
アメリカ映画との違い

「アメリカ映画にはまず事件がある。フランス映画にはそこに人生がある。同じ面白おかしいメロドラマ的

モノクロ・スタンダード96分
ヴェネチュア映画祭男優主演賞
ジャン・ギャバン

『ヘッドライト』

監督：アンリ・ヴェルヌイエ
原作：セルジュ・グルッサール
脚本：フランソワ・ボワイエ
撮影：ルイ・バーシュ
音響：ジョセフ・コスマ
（「枯葉」で有名）
出演：ジャン・ギャバン

なストーリーの作品でも、フランス映画には何か心にしみる人生の儚さがにじんでいる」
（猪俣勝人氏著「世界映画名作全史」社会思想社）
この言葉が全てを言い尽くしているように私は思われる。

『現金に手を出すな』

この作品はフランス映画で初めてのフィルム・ノワール（暗黒映画）と言われている。アメリカのギャング物は、金や麻薬を巡って、友など平気で裏切る冷酷な抗争そのものを描き、そこには個々の生活など入り込む余地はない。この作品は初老のギャングの生活を細かく描写し、金より友情や掟を重視した主人公の心境と老境の淋しさを画面から漂わせ、人生の悲哀を感じさせてくれる。また顕著なのは、ギャング映画なのに銃撃戦はラスト一回だけで、派手な打ち合いをするアメリカ映画より凄みが感じられる。

『ヘッドライト』

ヌーヴェル・ヴァーグ（新しい波）によって古い映画として批判されて壊滅してしまった古典的フランス映画の

フランソワーズ・アルヌール
ダニー・カレル

モノクロ・スタンダード105分
1956年キネマ旬報ベストテン第8位

2. 物語
『現金に手を出すな』

パリのオルリー空港から5千万フランの金塊を盗み出した初老のギャングマックス（ギャバン）と20年来の相棒リトン（ダリイ）は、これを処分して引退し、静かな老後生活に入ろうとしていた。リトンは仲間のピエロが経営するナイトクラブの踊り子ジョジー（モロー）にこの秘密を話してしまった。

ジョジーは麻薬密売のボスのアンジェロ（ヴァンチュラ）と通じてい

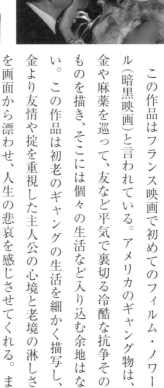

最後の文芸ドラマである。アメリカ映画で人気のあった『哀愁』（49）『慕情』（55）と比較してみると歴然としている。アメリカの2本は、悲劇は戦争という非日常的事件が原因で、美男美女のスターが演じ、ロンドンや香港という名所を背景にして甘美な音楽を用いて甘く悲しく描いている。

一方この作品は、しがない二人（原題は「取るに足らない人々」）の日常生活を背景に、先の見えない生活から脱出する途中に起こった悲劇を雨と霧の中で枯葉舞う街道を走るトラックのヘッドライトを象徴的に、哀愁的メロディーを用いて人生の悲哀を描いている。

見終わった涙は、アメリカ映画では非日常生活からくる悲劇なので、安心して「明るく泣ける」のである。しかしこの作品では、身近な生活からくる悲劇なので、しみじみと「ひっそり泣く」しかなく、「哀しく」泣けるのである。

年輪を感じさせるギャバンの演技

ズングリした体型、四角い顔に大きな鼻で、全く生活の違う初老（当時50歳）の男を、緩急自在の演技で味わい深く演じている。

『現金に手を出すな』では、常に趣味の良い背広を着て粋な感じで女性に接し、裏の世界では凄みを出し、『ヘッドライト』ではダブダブの運転服で単調な日々を送る初老の男のしがない人生の中でふと女性に示す心遣い、そこか

て、これを聞いたアンジェロは、金塊を奪い取る計画を建てた。危険を察知したマックスは、追跡を逃れ、リトンを守るために自分のアパートに泊めた。マックスはリトンに、もう若くはないので危ない橋は渡るなと諭した。

マックスが金塊の処分を叔父に頼みにいっている間にリトンは外に出てアンジェロ一味に誘拐された。マックスはリトンの間抜けさに歯ぎしりするが、相棒を見殺しにできず、ピエロとマルコと三人で郊外に出向き、金塊とリトンを交換した。

しかし卑怯なアンジェロは、別働隊でマックスを襲わせた。別働隊を始末して、奪った車で銃撃戦になり、アンジェロは倒したが、リトンは撃たれ、金塊を積んだ車も炎上して金塊は消滅した。

ら生じる悲劇を苦渋の表情で見事に演じて、フランス映画の香りを十分に伝えてくれる。

●作品鑑賞●

総評

両作品とも異なる社会を背景にしながらギャバンの名演で人生の悲哀を感じさせる古典的フランス映画の良さを味わえる。セリフが少なく、生活感を持たせた描写で人物を浮き上がらせ、哀愁をおびた音楽、緩急をつけたテンポ、雰囲気を重視したセリフより映像で分からせる演出が心地よい味わいを与えてくれる。

今回見直して気がついたこと

『現金に手を出すな』

ファースト・シーンとラスト・シーンの見事な繋がり。

金塊を隠したトランクを開けると哀愁ある主題歌が流れる静かなシーン。

ギャバンは女性と何人も付き合っているが、相棒を撃ったモローを平気で殴るのに驚く。

翌朝、いつもの通りにマックスは愛人を連れて集会所の食堂に行き、知り合いには笑顔で答えた。電話でリトンの死を知らされたマックスは、ジュークボックスに小銭を入れて好きな曲（グレスビーのブルース）をかけた。いつも通りの振る舞いをしているが、全てを失った初老のギャングの淋しさが惻々と伝わってくるラストである。

『ヘッドライト』

ボルドー郊外の食堂で疲れた体を休める初老のトラック運転手ジャン（ギャバン）は、一年前のイブの夜、この食堂で働く小柄で可愛い娘クロチルド（アルヌール）と出会い、親子ほど年の離れた二人は恋に落ちる。

ジャンは貧乏でギスギスした妻や生意気な娘（カレル）の中で荒廃した

人質と金塊を交換するシーンで、敵と味方がすれ違う時「今晩は」「調子はどう」と挨拶を交わす粋なシーン（これがフランスのギャングの仁義だそうである）。

『ヘッドライト』

二人で新しい生活に入る直前の悲劇で終わったと思っていたが、ラストでギャバンは元の生活にもどっている。これではアルヌールの死は何だったのかと思うと一層哀れさが増した。

初老の男と貧しい若い娘の一時の恋から生まれる悲劇という単純な話を、こんな哀愁ある作品に仕上げるのには改めて感心した。

セリフ、表情、服装、背景描写について

『現金に手を出すな』

瀕死の相棒が「食事をしたら戻ってくるよな」と言う。ギャバンのもう会えない相棒に優しく頷く表情の素晴らしさ。機関銃を持った立ち姿のカッコ良さ。

深夜、初老の男二人がパジャマを着て歯を磨き、ワインとチーズで食事をするシーンは有名になっている。

家庭生活を送っていた。クロチルド（愛称クロ）も恵まれぬ家庭で、辛い仕事でも我慢して働かざるを得ない境遇だった。ジャンはクロの食堂へ度々立ち寄るのを注意した管理者を殴りクビになる。クロも妊娠するが、ジャンがクビになったことを知り、事実を告げないでパリの連れ込み宿で働き始める。

そこの女主人紹介のもぐりの医者で子どもを始末して体調を壊す。ジャンは、娘がクロからの手紙を読んだため妻に知れ、家庭を飛び出してクロと二人で新しい生活を始めようと決心する。

気のいい相棒の紹介で職を得たジャンは、クロを連れ出し、冷たい霧雨の夜ボルトーにトラックで出発した。しかし、クロは手術の出血が止まらず次第に衰弱していく。

『ヘッドライト』

ギャバンの薄汚れた運転服、アルヌールの安っぽい黒のレインコート（良く似合う）。

ギャバンの家庭の狭いアパートでのギスギスした雰囲気。

夫の気持ちが離れていることを知っている妻が、皆で食事に行った時に言うセリフ「お願いだから一曲だけ踊って」これも切ない。

ラストの道行の15分は夜、雨、霧、ライト、音楽に演技で侘しさ溢れる名シーン。ギャバンがアルヌールを気遣って灯りを消してやる。不安になったアルヌールは「消さないで」と言うが、明るさに耐え切れずにすぐ「消して」と叫ぶ。この時のギャバンの苦渋の表情と儚げなアルヌールの表情には胸を締め付けられる。

題名について

「現金」を「げんなま」と読ませた題名は映画の大ヒットで評判になり、以後この付け方が流行った。ギャバンの映画では『筋金《やき》を入れろ』『その顔《つら》をかせ』と命令形で付けられた。『悪銭《あぶくぜに》』という映画もあった。「取るに足らない人々」では商売にならないので『ヘッドライト』という題名で公開した。

救急車でクロを預け、翌朝行くとクロの生命は既に尽きていた。失意のジャンを朝の冷気が包み込む。一年後、元の家庭に戻り、再び味気ない人生を送るジャンの姿があった。

ヌーヴエル・ヴァーグの功罪

今までの映画とか芸術の概念で飽き足らないでそれを破ろうとする一連の動きは、過去の素材と技術の否定から出発した。若い彼らは現代の状況に密着したテーマで、特に人間については、人間を首尾一貫した個性の中に集約してしまうのではなく、まとまりなど持っていない場当たり的行動をする人間として描いた。新しい感覚で優れた作品を多く生み出したが、過去を全否定したため、名匠達は古いと言われて制作の場を失った。否定を出発点とすれば、内容、技術にそれを越える何かが必要だが、普遍的テーマまで否定したので、個人の才能に依存し、ルイ・マル、トリフォーの死とともに消滅していった。

結局、現在もフランス映画は衰弱のままでいる。文化が過去の良いものの継承から出発しているのだからこれを全否定せず、良いものは残していく姿勢でいくべきだったと思う。古典的フランス映画の再評価はされる時期が来るはずである。

そのことは、「ボクは豆腐屋だから、焼き豆腐や油揚げは出来てもトンカツやビフテキは出来ない」と言った小津監督の『東京物語』の評価が時代とともに高まったことが証明している。

東映チャンバラを葬った
無類の面白さの黒澤時代劇

用心棒

1961 日本

●追憶●

中学校に入ると、友達の影響もあり、私はそれまで見ていたスター中心の東映のチャンバラ時代劇は卒業していた。関心は話題作や昔の名画、そして台頭してきた裕次郎映画の新しさに移っていた。１９６１（昭和36）年のゴールデンウイークに公開された『用心棒』を見た時、その面白さと新しさに目を見張った。西部劇風の宿場町に話を限定しながら、今まで見たこともない主人公の魅力的浪人（強いだけでなく頭も良い）が、剣の腕と心理戦で悪を徹底的にやつける痛快さ、それに喜劇仕立てで欲にかられた人間の愚かさまで描き、娯楽に徹した新しい時代劇の誕生を痛感した。特に斬新でスピード感ある殺陣には驚き、流石、黒澤と感嘆した。翌年正月に公開された続編『椿三十郎』の殺陣の凄さもあり、この二作品で様式チャンバラの東映時代劇は一挙

●作品紹介●

1．スタッフ

監督：黒澤明
脚本：菊島隆三、黒澤明
撮影：宮川一夫
音響：佐藤勝
出演：三船敏郎、仲代達也
山田五十鈴、司葉子
加東大介、河津清三郎
志村喬、東野英治郎
藤原釜足、渡辺篤
山茶花究、藤田進

に崩壊してしまったのである。

　黒澤時代劇では、まず日本映画の金字塔『七人の侍』である。スケールは違うが、その面白さ、斬新性、影響度では負けない『用心棒』の魅力について考えてみたい。

●再会してみて●
制作意図について

　痛快な時代劇娯楽映画を意図した黒澤監督は「僕はヤクザが大嫌いだ。滅法強い奴がいて、悪玉を滅茶苦茶にやっつけたら気持ちがいいだろう」という動機で、狙いは活動大写真、伸び伸び楽しみ、我を忘れて作ってしまったそうである。

「真から面白い映画にするのに、誰も考えなかった二股かけてうまくいった男の話にし、そのかけられた側が両方とも悪い奴というのがミソだ。僕らは弱いから両悪の中に挟まれて戦争に巻き込まれたが、この男なら、正々堂々とど真ん中に立って、戦争をやめさせることが出来るんだ。こんなことを考えて始まったのだ」と言っている。

（ドナルド・リーチ著「黒澤明の映画」社会思想社）

モノクロ・スコープ110分
1961年キネマ旬報ベストテン第2位
ヴェネツィア映画祭男優主演賞
三船敏郎

2. 物語

一人の浪人（三船）が、小さな宿場に入ってくる。居酒屋権爺（東野）に、この宿場では親分二人が対立していると聞き、ここに腰を据えることにする。浪人は一方の親分清兵衛（河津）に売り込んで、相手方の無法者三人をたたっ斬り、五十両で用心棒になる。

　しかし浪人三十郎は、親分の女房で女郎屋をやっているおりん（山田）の策謀を聞き、訣別を宣言し、対立する丑寅（山茶花）とのにらみ合いを

この面白い時代劇を作るという制作意図で、一流のスタッフを集め、贅沢な配役で全力を傾注してこの傑作を誕生させた。この観客を楽しませるのに全力を尽くすのは当たり前のことなのに、これが失われつつある状況に対して黒澤監督は映画人の誇りをかけて制作したのだと思う。

殺陣の斬新性

「一度本式の立ち回りをやってみよう」という黒澤監督は、殺陣は舞踏のように美しいものというスタイルやポーズを狙う様式美でなく、合理性を狙い、リアルな新しい殺陣を生み出した。

（永田哲郎氏著「殺陣チャンバラ映画史」社会思想社）

黒澤監督は、実感のないウソは許さない人で、「それじゃあ死なないよ」と何度もダメを出された（殺陣師久世竜氏）。三船敏郎がヤクザ数人を切る殺陣は、凄いスピードで二回ぶった斬り、またリアルな擬音入れが凄かった。短銃を持つ仲代との対決でも、事前に舞う落ち葉に包丁を投げて刺す練習をする伏線を用意し、砂ぼこりの中で登場するや、間合いをつめて包丁を投げて腕を刺し、瞬時に斬り捨ててしまう鮮やかさは見事だった。このリアリズムを重視した殺陣が、次の『椿三十郎』での最後の対決で、血が噴出する凄まじいシーンを生み出したが、この影響は大きく、以後の時代劇は音と血の噴出

火の見櫓から観戦する。この対立は寸前に役人の見回りで中断するが、丑寅には弟の乱暴者亥之吉（加東）とその弟で短銃を遣う卯之助（仲代）がいて優勢に見えた。三十郎は一計を案じ、互いに人質を取らせて対立させ、丑寅の子分になると持ち掛けて亥之吉を騙し、見張り六人を倒して、人質となっていた百姓の女房のぬい（司）を逃がしてやる。三十郎の策略で対立は激化、互いに殺し合い、火をつけ、酒蔵に穴を開けたりと泥試合になるが、ぬいの礼状のために三十郎のしたことがばれて、卯之助達に拷問にかけられる。

三十郎は権爺や桶屋（渡辺）の助けで窮地を脱し、念仏堂に隠れて傷を癒す。丑寅側は清兵衛の家を燻でいぶり出し、おりんも息子も殺される。権爺が卯之助に捕まったと聞き三十

を踏襲することになってしまった。

●作品鑑賞●

総評

「映画の楽しさ、面白さを思い切り出してやろう」という黒澤監督の意図したこの作品は、思想や社会性を持った、いわゆる芸術作品と称するものを評価し、娯楽作品は軽視する評論家たちを力技で圧倒し、ベストテン2位に選出された。「監督の強固な作家精神が、大衆性とのバランスを得て、映画作りの本質に開眼」(「キネマ旬報」1961年特別号)と高く評価され、大衆の圧倒的支持で年間興行成績3位(東宝では1位)になっている。

黒澤監督に二作品ついた野村芳太郎監督(『砂の器』)は「黒澤作品は何か言ってやろうという気持ちの強い作品(『羅生門』『生きる』)と何か見せてやろうという気持ちの強い作品(『七人の侍』『用心棒』)と種類は違うものがあるが、どの作品も自己の才能を傾注して独創性ある質の高い作品を生み出す」と言っているのは至言である。

海外でもこの作品の面白さと独創性は賞賛され、盗作騒ぎにもなった『荒野の用心棒』(64)は大ヒットし、残酷描写を売り物にしたマカロニ・ウエス

郎は出刃包丁と刀を持って宿場に行き、丑寅一家と対峙する。卯之助は短銃を構えるが、三十郎は構わず間合いを詰め、出刃を卯之助の腕に刺して瞬時に斬り捨て、丑寅や亥之助も全て斬り、権爺の縄を切ってやる。そして「あばよ」の一言を残して肩をゆすり背中を見せて去っていく。

タンと言われたイタリア製西部劇を生み出して、一時は停滞していた本家アメリカ西部劇を凌ぐ人気を博した。

作品の統一性

緻密な脚本、宮川一夫の望遠を多用した見事なカメラ、リアルな宿場等のセット（美術）、手を抜かない俳優の緊張感ある演技、モダンなのに作品の雰囲気にピタリと合う音楽等が演出の力で統一した調和をもたらし、質の高い作品に仕上がっている。

喜劇仕立て

人間の面白さに注目し、殺伐な話の暗さを抑えるために喜劇仕立てにしたのが注目される。これが爽快な後味の良さにつながっている。

●悪い奴は全員徹底的に汚く醜悪にしている。ヤクザだけでなく山田五十鈴や女郎も酷い。その中で司葉子だけは汚くしてもその白い顔だけは美しい。仲代達也も面白い服装。

●火の見櫓の上で高みの見物をしている三十郎の下で行われるヤクザ同志の戦いの腰の据わらないみっともなさ(この場面はカメラも素晴らしい)。

●出入り前に逃げ出す藤田進の用心棒、敵方の間抜けな加東大介に棺桶を担がせて脱出。

●「用心棒にもいろいろある。雇った方が用心しなければならぬ用心棒もある」や桑畑を見ながら「桑畑三十郎、もうすぐ四十郎だが」と名乗る等のセリフの面白さ。

モノクロ映像の魅力

カラーでこの作品を撮れば赤い血みどろの場面が現出したはずである。モノクロの映像は、これを防いだだけでなく、作品に厚みある質感をもたらしている。『赤ひげ』まではモノクロだが、以後のカラー作品には、年齢の関係はあるにしても何か豊かさや力強さを失った気もする。木下恵介監督も松竹最後の大作『香華』(64)をあえてモノクロで撮り、見事な成果をあげたことを考えると、モノクロ映像の魅力を感じずにはいられない。

評論家白井佳夫さんはモノクロ映像の魅力について次のように言っている。

「現実には色彩があり、人にも物にもそれに即した存在感というものがある。それを捨象して、黒と白、光と影だけに単純化した時代の映画には、強い力と固有の魅力があった」

東映時代劇の崩壊

時代劇で隆盛を誇っていた東映は、1960（昭和35）年第二東映を設立、生産能力は変えずに2倍の作品を制作するという無謀な量産体制に突入した「経営者は目先の利益を追求し、現場はスケジュールをこなすのに汲々として、量産を重ね、上から下まで観客の存在が抜け落ちて」（春日太一氏著「あかんやつら」文芸春秋社）作品の質を低下させ、観客から見放された。

こんな状況下でゴールデンウイークに公開された『用心棒』は、3億3千万の興行収入をあげた。東映は、前半は橋蔵の『月形半平太』とひばりの『緋桜小天狗』、後半は大友の『丹下左膳』と松方の『霧丸霧がくれ』を出し完敗。翌年正月公開の『椿三十郎』は4億5千万を稼いだ。東映は、錦之助の『東海道のつむじ風』と『ひばり・チエミの弥次喜多』という強力作品で挑み、2億と健闘したが、半分にも満たなかった。

（「殺陣チャンバラ映画史」）

黒澤作品を見た東映の監督達は、殺陣の素晴らしさと映画作りの密度の高さ、その新しさを観客が受け入れたことに驚き、自信を喪失してしまった。第2東映をニュー東映と名前を変えたが落ち込みは激しく、1961年11月に撤退、以後、集団時代劇や文芸大作に路線を変更して打開を図ったがうまくいかず、任侠路線（明治の着流しヤクザ）に転換して時代劇は消滅していった。

詩情と活劇、二人のジョンの西部劇

荒野の決闘
ＯＫ牧場の決斗

１９４６ 米国
１９５７ 米国

●追憶●

西部劇史上で名高いトゥームストーンでの保安官ワイアット・アープ一家とクラントン一家の対決を描いた作品は何本も作られたが、私は高校の時に下北沢で見た『ＯＫ牧場の決斗』（57）が最初である。バート・ランカスター（ワイアット）とカーク・ダグラス（ドク）のタフガイ・コンビの意気もピッタリ、軽快な語りの音楽をバックにピタリと決まるアクション、西部活劇としての醍醐味を存分に味わった。この作品で私は歌舞伎の代表的な荒事「勧進帳」を想起させられた。例えば、二人が野宿で寝ている時に襲って

●作品紹介●

1．スタッフ

『荒野の決闘』

監督：ジョン・フォード
原作：スチュアート・N・レイク
脚本：サミュエル・G・エンゲル
撮影：ジョー・マクドナルド
音響：アルフレッド・ニューマン
出演：ヘンリー・フォンダ
ヴィクター・マチュア
リンダ・ダネール
キャシー・ダウンズ
ウォルター・ブレナン
ワード・ボンド

くる無法者を、同時に起きて、一瞬にして片付けて顔を見合わせる見事なアクションは、「勧進帳」の白紙の勧進帳を読む弁慶が、これを覗きこもうとする富樫を一瞬かわして二人が床をならして動作を止め見得を切る場面を思い出し、掛け声がかけたくなった。ドクに扮したダグラスの歯医者崩れで肺病病み、拳銃の腕は立つ賭博師の凄みのある演技が特に印象に残った。

ところが数日後、週刊誌の映画評で「二番茶でも迫力」と書かれているのに驚いた。こんな壮快な西部活劇の一番茶『荒野の決闘』(46)とはどんな作品なのかとやや反感を持った。

その批評は、フォード作品のような詩情がなく、人物描写も不足だが、活劇面では迫力があり楽しめるという内容だった。何となく純文学(映画では芸術作品)が上で大衆文学(娯楽作品)が下という見方が嫌だったからである。

数年後、大学生の時に再公開された『荒野の決闘』をやっと見ることが出来た。この作品は詩情豊かな西部劇の古典的名作として定評があったが私は順序を逆に見たことになった。

モノクロ・スタンダード１００分
１９４７年キネマ旬報ベストテン第２位

『ＯＫ牧場の決斗』

監督：ジョン・スタージス
脚本：レオン・ウーリス
撮影：チャールズ・ラング
音響：ディミトリ・ティムオムキン
出演：バート・ランカスター
カーク・ダグラス
ロンダ・フレミング
ジョー・ヴァン・フリート

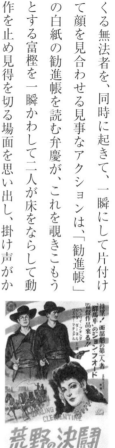

確かに映像、生活描写，景観、馬の疾走、フォンダの素晴らしさは判ったが、ドクに扮した、ヴィクター・マチュアの鈍牛のような演技と最後の決闘場面は動きが判らず不満だった。

　二作品の制作意図の違いから、映画の味わい方を知る契機となったので取り上げてみる。

●再会してみて●

制作意図の違い

　フォードは戦後二作目に得意なジャンルの西部劇を選び、ＯＫ牧場の対決を描いた『フロンティア・マーシャル』（１９３９年、日本未公開）を見て「何だ。こんなもの。俺はもっと素晴らしいものを作ってやる」と言ってフォンダに「ワアイアット・アープの物語をやるぞ」と呼びかけたそうである（リンゼイ・アンダーソン著「ジョン・フォードを読む」）。

　フォードは実説などに拘らず、クレメンタインという女性を創造し（原

ジョン・アイランド

カラー・ヴィスタサイズ１２３分
キネマ旬報ベストテン31位

2．物語

『荒野の決闘』

　ワイアット・アープ（フォンダ）とその兄弟モーガン（ボンド）、バージル、ジェームズ達は、牛を売りに行く途中でクラントン（ブレナン）やその息子達に会いトゥームストーンの町に立ち寄る。牛の群れを見張っていたジェームズは殺され、牛も盗まれたので、ワイアットは犯人捜しのため保安官になり、兄弟もその助手になる。ワイアットは酒場で外科医崩れの賭博師ドク・ホリディ（マチュア）とドクに首ったけの酒場女

題は「愛しのクレメンタイン」)、まるで新派悲劇のような人間関係の綾を巧みに組み合わせてストーリーを作り、アクションは最低限に抑えて、流れるような語り口で、西部に生きる人々の哀歓を素晴らしい映像と雰囲気で詩情豊かに描いた。日本では戦後渇望されていた西部劇だっただけに歓迎され、古典的西部劇の名作として定着した。「映画のお手本」(黒澤明)、「監督と俳優(フォンダ)の気合いが羨ましい」(小津安二郎)と監督たちにも絶賛された。

しかし本国では公開時は『駅馬車』(39)と比較されたのかあまり評価されず、興行も不振だったらしい。

「マニア向け2流西部劇」(業界紙キネウイクリー)「トゥームストーンの町で起こった実話を面白おかしくドラマ化したもの。月並みな作品」(タイムズ)という批評もあった。

一方スタージュス監督は、10年後の映画化の際、この名作を十分意識していたと思う。彼は「事件」をかなり忠実に描き、友情をベースに、アクション中心の壮快な正統派西部活劇を作った。このことは題名もケレン味なくズバ

2004年　モニュメントバレーにて

チワワ(ダネール)と知り合う。ある朝、駅馬車からドクの婚約者クレメンタイン(ダウンズ)が降り立つ。ワイアットは一目惚れして彼女の荷物をホテルへ運んだ。肺病で咳き込むドクは酒を飲み、クレメンタインに「明日帰れ」と冷たく告げる。ワイアットはドクの絶望的行動を注意するが、聞かないので殴り倒す。翌朝、床屋でめかしこんだワイアットは、帰り支度のクレメンタインと会い、礼拝と教会広場のダンスに誘い、二人は軽快に踊った。

チワワの身に着けていた弟のブローチを「ドクから貰った」と聞き、馬でドクを追い、対決してドクの銃を弾き飛ばした。チワワは「クラントンの息子ビリーから貰った」と本当のことを言うと、聞いていたビリーに撃たれた。ドクはチワワの手

り『ＯＫ牧場の決斗』としたことでも判り「二番茶でも迫力」は男性派活劇監督には最高の褒め言葉だったのである。

主役の扱い方の違い

フォンダのワイアットが主役で質朴な内面演技で荒事も和事も見事にこなしている。

スタージュス作品はドクの比重が大きくなり、荒事の見せ場が連続して飽きさせない。

モニュメント・ヴァレー

２００４年、私は家内とこの地を訪れた。青空の下（白い雲はなかったが）、眼前に広がる小高い丘と広大な砂漠のような土地は正に西部劇の原風景だった。レンズも曇る砂埃の中、馬の疾走やウエインやフォンダの姿を目に浮かべ、フォードの好んだポイントを見た時、私はロケ地としての映画のシーンと共に、この地で西部を開拓した人々の姿にも思いを馳せた。西部劇の神様と言われたフォードは『駅馬車』から『シャイアン』まで７本をここで撮影

術をクレメンタインの応援でしたが、チワワは死んだ。ビリーを倒したバージルもクラントンに後ろから撃たれた。

朝、ワイアット、モーガンそれに死に場所を友のためと決めたドクの三人で対決場所のＯＫ牧場に向かった。決闘はワイアット側が勝ったが、一人を倒したドクは咳き込み、撃たれて、白いハンカチが舞った。町を去るワイアットは「クレメンタインとはいい名前だ」と別れの言葉を告げて去っていく。その後ろ姿をクレメンタインはいつまでも見送った。

『ＯＫ牧場の決斗』

フォート・グリフィンの町、ドク・ホリディ（ダグラス）を仇と狙う三人が酒場で待っていると、情婦ケイト（フリート）から聞き、ドクは乗り

しているが、建国して間がなく、遺跡も少ないアメリカでは、ここはロケ地というより開拓者の苦労の象徴した場所になっていたのである。「西部劇」のロケ地を「西部」の原風景にまでしてしまい、訪れる人に文化的、宗教的感動を与えるフォードの偉大さを改めて痛感した。

●作品鑑賞●

総評

同じ内容を題材にして、違う制作意図で生み出された作品が、二作とも名作と痛快作になったのは珍しい。以下の批評が両作品の魅力を的確に表現しているので紹介します。

●「古い西部の雰囲気描写と数々の伝統的テーマの処理に、温かさと懐かしさが限りなく漂い、各ショットの映像の美しさは圧倒的で、用いられている音楽は往時を感動的に再現していた」

（リンゼイ・アンダースン「ジョン・フォードを読む」Ｆ・アート社）

●「ガンプレイ中心の豊富な見せ場を、歯切れの良いカッティングでつなぎ、ワイド画面の処理も見事で、ここぞという時、決まる構図は興趣を一段と盛り上げる」

（渡辺武信氏「アメリカ映画２００」キネマ旬報社）

込もうとするが、この町に立ち寄った保安官ワイアット・アープ（ランカスター）から丸腰のはずなのに一人が拳銃を長靴の中に隠していると教えられる。ドクはそのお蔭でナイフを用いて相手を倒す。ドクはそのためリンチにされそうになるが、ケイトとワイアットの助けで脱走、二人の間に友情が生まれる。ワイアットが保安官をしているドッジ・シティにドクはケイトと共に来たので、銃を持たない条件で滞在を許可する。

ワイアットが三人の無法者を迎え討ちに出かける時、歯医者崩れで賭博師だが拳銃の名手であるドクは助手を申し出る。二人は見事なチームプレイで、寝こみを襲ってきた三人を一瞬で倒す。ケイトは肺病で咳き込み、酒びたりのドクを見放し、無

練達の技を味わう

フォードは、従来の活劇中心の西部劇に詩情を持ち込みそこに生きる人々の哀歓を描いた。得意のモニュメント・ヴァレーでの馬の疾走シーンやワイアットとクレメンタインが教会で踊るまでの雰囲気描写は見る側を陶酔させる。私は最初の出会いの時に小さく流れる主題歌や開始とラストを牧場の杭を使い音楽を被せる処理が特に気に入っている。

フォンダは「フォードは詩人だった。視覚の詩人だ。カメラも素晴らしいが、フォード自身が詩人という映画の目を持っていたからだ」と言っている。

スタージュスは男性的活劇派の面目躍如で、四つの見せ場はどれもいいが、特にラストの決闘はタフガイ二人の動きが良く判り、伏線もきちんとしていて（前夜に馬車にランプ火を入れる）、迫力も十分、アクションの魅力を堪能させてくれる。

男女間の描写について

西部劇では知的で美しく毅然とした憧れの女性を教師か看護婦に設定することが多い（『大いなる西部』ではジーン・シモンズは教師）。題名にもしたクレメンタインは正にそんな女性で、フォンダとの組み合わせで教会の広場で踊るシーンはリリシズムに溢れる。

法者リンゴウ（アイランド）と結びつく。

ワイアットは上海ピアスとの対立で危地に陥るが、ドクに救われ、互いに心を通わせた女賭博師ローラ（フレミング）と保安官をやめて結婚しようとする。その時、トウームストンいる兄弟のバージルから牛泥棒クラントン一味との対決の救援依頼があり町に向かう。ドクも後を追っていく。クラントン側は連邦保安官になったワイアットの闇討ちを企てるが、誤って弟を殺す。クラントン側からの決闘の申し込みにワイアットはドクの応援を頼むが、肺病が進んだ病床のドクを見て諦める。

当日の朝、ドクは「死ぬなら友人と共に」と駆けつけ、兄弟三人とOK牧場に乗り込む。

決闘は四人とリンゴウや悪徳保安

ダネールのチワワはドクの手術後死んでいくが、相手役のマチャアが下手なので、女の哀れさがあまり伝わってこない。

男性派スタージュスは男女間の描写は下手で、ワイアットとローラの場面はだれる。ただ、ドクとケイトの愛憎半ばした活劇的関係は、ケイトを杉村春子のような芸達者のジョン・ヴァン・フリート(『エデンの東』の母親役でアカデミー助演賞)が演じて、ダグラスと真っ向から渡り合い、作品に厚みを加えている。

俳優について

伝説の保安官に活劇スターでないフォンダを起用したことでフォードの意図は明確である。フォンダは率直で謙虚で寡黙だが毅然としたヒーローを名演し作品の質を高めた。

マチュアはフォードとフォンダの助けで何とか見られるが、フォードも彼には演技はさせず(咳ばかりさせる)、顔の描写だけ撮っている。

ダグラスは知的だが肺病持ちで酒浸り、死に直面しているガンマンの賭博師を凄みのある演技で強烈な印象を残す。評論家も「マチュアより数段上」(双葉十三郎)、「マチュアを一歩抜いている」(渡辺武信)と高評価している。

ランカスターは沈着冷静な保安官で見せ場が少なく、ダグラスに喰われっ

官を含めた七人で行われたが、バージルとモーガンの兄弟二人が傷ついただけでクラントン一味を全滅させた。ローラとカリフォルニアに旅立つワイアットをドクが見送り、そこに勇壮で軽快な主題歌が流れる幕切れである。

放しで、ラストの決闘でやっと出番と張り切って演じているのに苦笑させられた。

音楽について

「愛しのクレメンタイン」はアメリカ民謡の悲しい物語の歌だが、日本では西堀元南極越冬隊長らが学生時代に作詞した「雪山讃歌」という山男の歌として知られている。

フランキー・レインの歌った『ＯＫ牧場の決斗』の主題歌が、ストーリーの流れを語っていると議論になったが、良く知られている「事件」なので鑑賞の妨げにはなっていない。

私には、今回見て、早朝決闘に乗り込む場面も含めて「忠臣蔵」を想起させられ、歌舞伎の「語り」と同様に音楽が興趣を盛り上げているように感じられた。

作品から見えてくるもの

●フォード監督の活劇西部劇の傑作『駅馬車』（39）と人物設定が酷似していると言われているが（医者崩れ、手術、淑女と酒場女等）、作品のスタイルは異質で「動」と「静」となっているのに感服した。

●スタージュス監督は男性中心の活劇主体で、芸術など無縁と大衆重視の潔

さが魅力である。後年『老人と海』(58)『荒野の7人』(60)『大脱走』(63)という男性映画の傑作を残したのは嬉しい。また日本では決斗3部作として『ゴーストタウンの決斗』『ガンヒルの決斗』も公開され西部劇ファンを喜ばせた。

30年間の凄まじい夫婦の憎悪を描く木下恵介監督の後期の代表作

永遠の人

1961 日本

●追憶●

小学校6年の時、国民的映画と言われていた木下恵介監督の『二十四の瞳』を学校から見に行った。映画終了後、女の先生は目が真っ赤で、この先生の顔を見て女の子は大勢泣いていた。映画は身近な話なので良かったが、私には時の流れを示す字幕と最後の感動的再会場面で、親の反対で音楽の道に進む夢を果たせなかった料亭の娘（月丘夢路）が、過ぎ去った昔を愛しむように涙をこらえて歌う「浜辺の歌」（明日浜辺をさまよえば、昔のことぞ偲ばるる）が印象に残っている。

半年後、小学校卒業のクラスのお別れ会で、担任の女の先生が（題は忘れたが）惜別の歌を歌ってくれた。その美声を聞いて私は『二十四の瞳』の場面を思い出し、6年の時の流れと小学校時代が終わったことが実感として湧き、

●作品紹介●

1．スタッフ

監督：木下恵介
脚本：木下恵介
撮影：楠田浩之
音響：木下忠司
出演：高峰秀子、佐田啓二
仲代達也、乙羽信子
加藤嘉、石浜朗
藤由起子

やや感傷的になった自分を皆に気付かれないようにと周囲を見回したことを鮮明に覚えている。

その後、『野菊の如き君なりき』(55)『喜びも悲しみも幾年月』(57)等を見て、木下監督は美しい物語を作る抒情的映画作家だと認識していた。

高校に入り名画座で、『日本の悲劇』(53)『女の園』(54)を見て驚いた。あの優しく温かいと思っていた木下監督がこんな非情で救いのない作品を作れるという二面性と多才さは、私の想像を遥かに越えていたのである。『永遠の人』は正にこの冷酷な面の作品であった。三十年間の夫婦の憎悪は、子どもも周囲も巻き込み、その呵責なまでの描写の凄さに圧倒され、語り(作詞は監督)の入ったフラメンコ・ギターの音色が耳について離れなかった。ただ阿蘇の雄大な風景の抒情的描写が物語に溶け込んでいるのが不思議だった。

●再会してみて●

2014年、地域の映画会でこの作品が上映され、その解説を依頼された

モノクロ・スコープ107分
1961年キネマ旬報ベストテン第3位
アカデミー外国映画賞候補

2. 物語

第1章(昭和7年)

阿蘇谷の地主の息子平兵衛(仲代)が上海事変で片足を負傷し、除隊して戻ってくる。

小作人(加藤)の娘さだ子(高峰)には、平兵衛と同級生で、周囲も認める出征中の恋人隆(佐田)がいたが、平兵衛がさだ子に横恋慕し、手籠めにしてしまう。平兵衛父子は父親にさだ子を嫁にと迫り、絶望したさだ子は滝に身を投げるが、隆の兄に助けられる。

戦地から戻った隆に会ったさだ子

ので再見して、初見ではこの作品の凄さは理解できていないことを痛感した。大学で受講した津村秀夫さんは、木下監督の日本的感傷の独自性と作品の二面性を語られ『永遠の人』は後期の代表作だといわれたのも頷ける。 改めて感心した点をあげてみる。

●木下監督は登場人物の誰にも同情などしないで、許せない憎悪の深さを徹底的に描き切る。地主という権力者の犠牲になり、互いに相手を「永遠の人」と胸に秘めて生きていく二人にも容赦はしない。

例えば二人が17年後に再会して手を握り合う場面は、自殺を図った長男を着物を乱して必死で追う女（高峰）と、腰に手拭の冴えない姿で村人と捜す男（佐田）という甘さなど微塵もない状況に追い込んで設定している。

●こんな日本人離れをした情念の物語を、雄大な阿蘇の自然を背景に、封建風土の残る農村の中で、異国のフラメンコ・ギターだけを音楽にして（この強弱をつけ

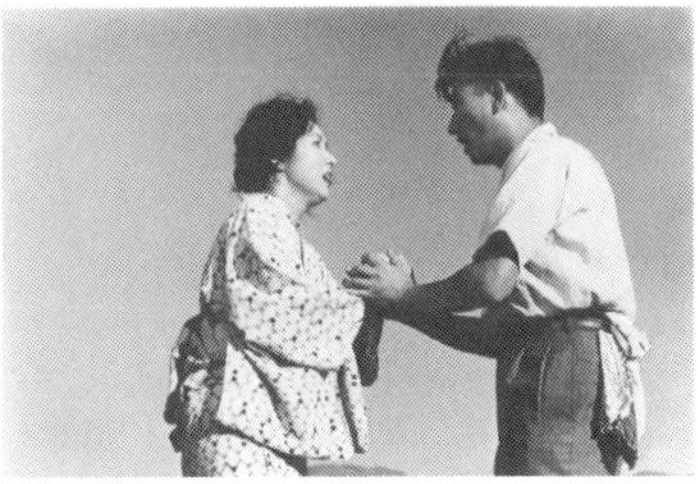

は、夜明けに駆け落ちするため峠で待つが、隆は現れず、「君の幸せを祈る」という書置きだけを渡された。

第2章（昭和19年）

さだ子は平兵衛の嫁にさせられたが、自分を不幸にした平兵衛への恨みを忘れず、三人の子どもがありながら夫婦の仲は憎悪に満ちていた。特に不幸な時に生まれた長男にはさだ子は冷たく接し、これを庇う平兵衛との間で口論が絶えなかった。

さだ子は再度出征中の隆の妻友子（乙羽）を雇うが、友子も隆が胸の中に秘めているさだ子を嫌い、隆のため冷たくされている平兵衛と親密な関係になった。

そして隆が戻ってくるのに友子は息子を連れて自分の田舎へ帰って行った。

た響きが効果を上げる）自己のオリジナルな脚本で描くという独創性。

●主役（高峰、仲代）二人の演技合戦の凄さ。

●時の流れに対する独自の感覚。変わらぬ自然を背景に、不具で戦地から戻った地主の息子、地主と小作の関係、農地改革、左翼運動等。

●作品鑑賞●

総評

木下監督のオリジナル脚本で、その才能の円熟さを感じさせる作品である。

木下監督は、弱い人間や自然の中で抑制して生きていく人々の美しさを描くという優しく温かい面と、社会の矛盾の中で、人間（特に女性）の醜さや愚かさを辛辣に描くという冷酷で非情と思われる面との二面性がある。この作品は後者で、憎み合う男女の熊本弁での激しい会話と、手を抜かない描写の迫力に圧倒され、見終った後の疲れは、とても１０７分の作品とは思われない重さだった。

第3章（昭和24年）

長男は自分の立場に絶望して、弟に可愛がってくれた父から貰った時計を渡し、阿蘇の火口に身を投げた。平兵衛は怒ってさだ子を殴り、二人の憎悪は更に激しくなった。

第4章（昭和35年）

さだ子は自分の一存で、隆の息子（石浜）と娘（藤）との結婚を許し、二人は早朝の汽車で新しい生活へと旅立って行った。これを聞いた平兵衛は激怒するが、さだ子は平然と対応した。落魄して戻ってきた友子が隆に詫びていた時、結核を患っていた隆は血を吐いて倒れた。さだ子は東京の大学で左翼活動をしていた次男に逮捕状が出ていることを知らされる。

さだ子は逃走中の次男に金を渡すため指定された場所（長男の死んだ

冒頭の語り口の滑らかさと最後の捌きの鮮やかさ

開始から10数分で、物語の基本となる農村の背景と人物の紹介を流れるような映像で描いて、観客を一気に非情な物語の世界に引きずり込む。

この救いのない物語の結末を、先に明かりが見えてくる数分の描写で締めくくるという捌きは鮮やかである。

俳優の演技について

夫を憎み続けることで生き抜いていく高峰は入魂の演技で、特に死んでいく義父や不具な夫に対する冷たい眼差しは怖い。

妻の胸の内にいる「永遠の人」への対抗もあり、妻に執着しつつ続ける仲代の高峰に負けない演技も見事。特に母親に冷たくされる長男に対する思い入れは、いい味の演技で感服。

木下監督は仲代に「あの女憎らしいから思い切り殴れ」と指示したそうである。本気で殴ったら、高峰に「痛い。力だけはあるわね。芝居は下手なくせに」と言われた。

ただ、高峰は役柄に応じて芝居を変える仲代を認め、後

阿蘇）に行くが、次男は金を受け取ると「お父さんを許さない限り、僕はお母さんを許さない」と冷たく告げて去って行った。

第5章（昭和36年）

死の床で隆は息子と嫁と赤ん坊を見て安堵し、さだ子に「思い残すことはない。ただご主人（平兵衛）に申し訳ないことをした。謝って下さい」と頼む。

さだ子は家に戻り、平兵衛に「許して下さい。死にかけている隆に会ってやって下さい」と頭を下げて頼むが、酒を飲んでいた平兵衛は「30年も苦しめて今更謝るとは何だ」と冷たく言い放つ。互いに激しく思いをぶつけ合い、さだ子は「隆を許してくれないなら私も家を出て娘夫婦と暮らす」と言い、泣きながら隆の元へ向かう。

年「これからの映画界は仲代が引っ張っていくのではないか？」と言っていたそうである。

（春日太一氏著「仲代達也が語る日本映画の黄金時代」ＰＨＰ新書）

驚いた鋭い台詞

こんな冷たい嫁ならすぐに追い出すか、嫁の方から出ていくのが普通である。30年も憎み合うほどの恨みを持ち続けられるのかと思っていたが、最後の凄まじい言い合いの時、夫が「お前は俺を恨む気だけでなく（出て行かないのは）貧乏が恐かったのだ。小作人の女々しい根性だ」と言い放つ。

私は男女の情念が生んだ悲劇と思っていたのに、妻の自分でも気付かぬ胸の内を暴く台詞には、不意を突かれて驚いた。

木下恵介監督の評価について

黒澤明監督と共に戦後の映画界の旗手と言われ、数々の秀れた作品を残したのに、現在は小津、成瀬、溝口監督と比較しても、内外でのその評価が低いのは何故だろうか？

その原因を探るとまず二つの事に気付く。一つは、木下監督を研究した本は「天才監督木下恵介」（長部日出夫氏著新潮社）1冊しかない。またベストワンは3回も獲得しているのに海外での受賞作はないことである。木下監督は

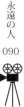

その時「さだ子」と呼ぶ声に振り向くと、平兵衛が「俺も行く。お前が俺を許すなら俺も隆を許す」と言い、そして不自由な脚を引きずりながら、先に行かせたさだ子の後を追うのだった。

抒情的映画作家として定着しているが、本作のような非情で冷酷な作品や喜劇にも才を見せ（『お嬢さん乾杯』）、『楢山節考』（58）のような実験的作品や日本最初のカラー映画『カルメン故郷に帰る』（51）で技術的挑戦もしており、その多才さは驚くばかりである。この多才さが、他の監督と比較してアイデンティティー（自己同一性）が捉えにくい面がある（長部日出夫氏）。

また社会が戦後から脱して豊かになると、弱い者の中に美しさを見出すという日本的感傷性が受入れ難い環境になってきたのも事実である。

海外での評価には不運な面もある。１９５８年のヴェネツィア国際映画祭では芸術性と実験性のある傑作『楢山節考』が本命と言われていたが、松竹の城戸社長は「子どもが親を捨てる作品は恥」と言ってＰＲせず、大応援団を送りこんだ東宝の稲垣浩監督の『無法松の一生』に金獅子賞（グランプリ）を攫われてしまった。１９８３年のカンヌ映画祭で同じ原作をリアリズムで描いた今村昌平監督の『楢山節考』がパルム・ドール（グランプリ）を受賞したのも皮肉である。

『永遠の人』もアカデミー外国映画賞の候補には選出されたが受賞はならなかった（１９６１年受賞はベルイマン監督の『鏡の中にある如く』）。もし一作品でも海外で受賞していれば評価は変わってきたものと思われるだけに残念である。

私は最近の映画会で木下作品を見る機会が多く、その多様なジャンルで日本的風土を生かした才気に溢れた映画の世界を味わっているので、若い人にもぜひ時代を超えた木下作品の魅力を認識してもらいたいと思っている。

新しいミュージカル映画の誕生

ウエスト・サイド物語

1961 米国

●追憶●

この作品は、従来の舞台ミュージカルを映像化して、歌と踊りと個人（スター）の芸を楽しみ、幸福感に浸るというミュージカル映画を根本から変える革命的映画と言われている。

しかし私にはこの作品を従来のミュージカル映画と比較して語る資格はなく、通常の映画作品として捉え、その斬新性を述べてみたい（ミュージカル映画としての革新性については専門家の方の見解を引用させていただく）。

1961（昭和36）年12月に松竹ピカデリーで公開されたこの作品は、若い観客の圧倒的支持で511日間の長期興行となり、150万人動員、その後も10回

●作品紹介●

1．スタッフ

監督：ロバート・ワイズ
　　ジェローム・ロビンス
脚本：アーネスト・レーマン
撮影：ダニエル・L・ファップ
音響：レナード・バーンスタイン
振付：ロビンス
出演：ナタリー・ウッド
　　リチャード・ベイマー
　　ラス・タンブリン
　　リタ・モレノ
　　ジョージ・チャキリス
　　ホセ・ド・ベガ
　　ネッド・グラス

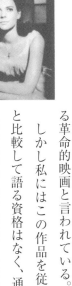

以上公開された。

ドラマ性が希薄なミュージカル映画は敬遠していたが、あまりに評判なので見に行った。

開始から5分位序曲があり、大俯瞰でニューヨーク上空からウエスト・サイドの路上へと音楽もなく静かにカメラは降りてくるが、指をならす（フィンガー・ステップ）音がして、若者達がボールを追って路地を通り抜けていく。私はこの開始場面で、何か見たこともない映画的興奮を味わえる予感がした。「ロミオとジュリエット」を下敷きに、ニューヨークの下町の不良グループ対立から生じる悲劇に社会性を織り込み、歌と踊りをベースにしてシャープな映像と凄い迫力で描き切ったこの作品の衝撃は、音楽を聴き、踊りを見るという通常の感覚でなく、何か身体全体に投げかけられたものだった。

●再会してみて●
群舞の持つ表現力の凄さ

スター中心でなく、若い人が集団で、モダンバレーのテクニックを駆使

カラー・パナヴィジョン（35・70㎜）151分
アカデミー作品賞他11部門受賞
1961年キネマ旬報ベストテン第4位

2. 物語

ニューヨークのウエスト・サイドに巣食う二つの不良グループ、イタリア系移民中心の白人グループ「ジェット団」とプエルトルコ移民の「シャーク団」はビル屋上運動場の占有を巡って対立していた。ジェット団のリーダーリフ（タンブリン）は決闘で決着しようと中立地帯でのダンス・パーティで話し合いを計画する。元ジェット団のリーダーで、今は足を洗いドック（グラス）の店で働いているトニー（ベイマー）に参加を頼

し、ジャズのオフビートのリズムを根底にしたエネルギッシュな踊りは、従来の楽天的踊りに楔を打ち込んだ（渡辺祥子氏「アメリカ映画200」キネマ旬報社）。

　音楽に弱い私では、群舞が社会問題（移民、貧困等）を含めドラマをこれだけ語るとは思いもよらず、唖然とした。特に「体育館でのダンス」の激しさ、アメリカを痛烈に風刺する「アメリカ」の鋭さ、けんかの頭を冷やせと歌う「クール」の斬新さ等は若い人に知的でなく身体的興奮をもたらしたはずである。

貫かれたドラマ性

　下町を背景に若い人のいらだち、社会のもつ矛盾、純愛とその悲劇を骨格あるドラマとして、若い人の生理的感覚に合致した音と映像で描いた点が受けたのだと思う。

むが、トニーは断る。しかし彼は何か幸せなことが起こる予感がして行くことにする。

　会場の体育館では二つのグループが踊っていたが、途中から現れたトニーは、シャーク団リーダーのベルナルド（チャキリス）の妹マリア（ウッド）と出会い、二人は瞬く間に恋に落ちる。シャーク団はドックの店に向かうが、ベルナルドに思いを寄せるアニタ（モレノ）や少女達は、アメリカが「素晴らしい国」か「悪い国」を踊りながら言い争う。

　トニーはマリアを探し、アパートの非常階段で見つけ、二人は恋を認め合う。

　ドッグの店で二つのグループは、決闘の仕方をトニーの提案の素手でやることに決める。翌日、ブティックの仕事を終えたマリアは、訪ねて

抗争の結着とほろ苦い思い出

私はこの作品を、大学卒業時に親しくしていたゼミの女友達と2回目の鑑賞をした。

私はフィルム・ノアール（暗黒映画）、やくざ映画（任侠映画）が好きだったので、対立する抗争の結着の仕方が気に入っていた。

不良グループにも掟があり、やくざにも仁義（筋）がある。トニーの素手での提案に対してリーダーはナイフで闘ったが、「殺るか、殺られるか」「縦」（勝った方が立って残る）か「横」（負けた方は横たわる）かという争いではナイフを用いざるを得なかったのである。

リフがベルナルドに刺されて倒れたのを見て、足を洗った（堅気の）トニーが、弟分のため（昔の血が騒いだのか）我を忘れてベルナルドを刺すのは自然の成り行きである。

また、リーダーを倒されただけでなく、好きだったマリアまで奪われたチノがトニーに報復し、最後に刑事に連行されていく結末は、こ

きたトニーから決闘のことを聞き、やめさせるように頼む。その後二人は結婚式をしてお互いの愛を再確認する。

決闘の場に現れたトニーは、ナイフを用いた争いをやめさせようとするが、ベルナルドがリフを刺したので我を忘れてベルナルドを刺してしまう。幸福そうなマリアのもとにチノ（ベガ）が現れ、「トニーがベルナルドを殺した」と告げる。ショックを受けたマリアをトニーが訪ね、自首しようとするがマリアは止めて、二人で遠くに逃げようと誓い、二人はマリアの部屋で和みの時間を過ごす。警察の調査を誤魔化したジェット団は、自分達が不良になったのは大人達が悪いと悔しそうに歌った。

恋人を殺されたアニタはトニーを恨むが、マリアの愛情の強さを認め

の種の映画の定番の描き方である。

しかし、チャキリスとタンブリンというダンスの名手の闘いは、歌舞伎のような様式美で素晴らしく、マリアの悲痛な叫びや両グループの和解を暗示した結末は凡百のやくざ映画とは全く違った感銘を残した。

この話を悲しい結末に浸っていた女友達にしたら、「あなたって妙な見方をするのね」と言って、訝し気な眼差しで私を見つめていた。彼女は60歳で逝ってしまったが、通夜に参列した私は、昔とあまり変わらぬ遺影を見つめて、30年以上前に私に示したあの訝し気な表情を思い出してほろ苦い気分になっていたのである。

●作品鑑賞●

総評

舞台ミュージカルのストーリー、音楽、踊りの振付をベースにしていることから多くのことを考えさせられ、示唆される作品である。

て、マリアの伝言を伝えにジェット団がトニーを地下に匿っているドックの店に向かう。アニタはトニーに会わせろと頼むが、信用されずに辱められる。
怒ったアニタは「マリアはチノに殺された」と嘘をつき立ち去る。トニーはこれを聞いてチノを捜しに店を飛び出し、マリアと再会するが、喜びも束の間、現れたチノに射殺される。倒れたトニーを抱くマリアのもとへジェット団、シャーク団の双方が駆けつける。トニーはマリアの腕の中で息を引き取る。
マリアはチノから拳銃を奪い、双方に銃口を向けて「皆の憎しみの心がトニーやリフやベルナルドも殺した」と怒りの言葉をぶつけて涙する。
チノは刑事に連行され、トニーの遺体を静かに運び去るジェット団、

●ドラマ性について

シェイクスピアの有名な作品を下敷きに、ニューヨークの下町という環境で、若い世代の苛立ちと反抗という普遍的テーマで、対立するグループの無意味な抗争から起こる悲劇を、社会的問題（移民、貧困）を織り込んで描くという着想に括目させられる。この着想が、目を奪う激しい動き（群舞）を生み、二人の愛の悲劇を浮かび上がらせる。

●音楽と振付の斬新さ

これだけ秀れた曲（作品紹介参照）が、それも踊りと結びついて記憶された例はない。

●状況設定が映像化の成功を導く

ニューヨークの下町を、カメラは自在に動き、シャープな映像でリアリズムの世界に置き直して、単なる舞台の映像化でなく、映画ならではの魅力ある世界を築き上げている。例えば「体育館でのダンス」の激しい群舞の場面と、そこでマリアとトニーが出会う特殊効果を用いた幻想的場面。再会する夜のアパートの階段の簡素な背景をライトとカメラワークで浮かび上がらせる夢

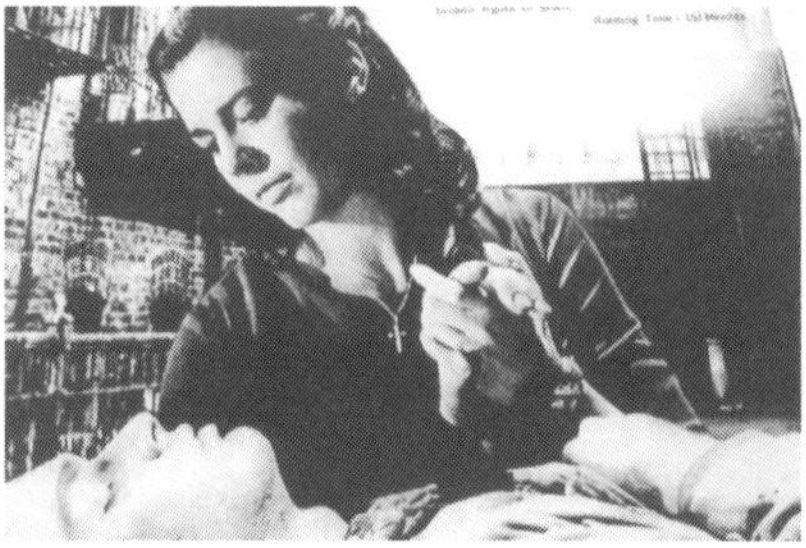

落ちかけた遺体にシャーク団も手を貸し、和解の兆しが見えてくるのだった。マリアは最後に言う。「いつまでも一緒よ、アントン（トニー）」

●使われた曲

（元「映画の友」編集長土田さんの資料に加筆）

①「序曲」(Prologue)

場面が始まる前、ニューヨークの情景を抽象的に表す幻想模様にかぶせて演奏される美しい曲。このシーンとタイトルのデザインは有名なデザイナー、ソール・バス。

②「ジェット・ソング」(JetSong)

ジェット団の連中が歌う勇ましい歌。軽快な踊り。

③「何かがやってくる」

のような場面。

俳優について

厳しいオーディションで選ばれただけに、ダンスのシーンはどれも素晴らしい。

アカデミー助演賞はチャキリスとモニタが受賞したが、タンブリン以下不良団全員にあげたいほどである。歌は吹き替えのウッドとベイマーは、柄を生かしているがベイマーは動きがやや重い。

またチャキリスの着た紫色のワイシャツが大評判になった。彼は本作品があまりに成功したので、その後は印象になる作品は少ない。

ナタリー・ウッドは、1981年夫のロバート・ワグナーと海に出かけ、そこで事故で溺死した。43歳だった。

（「映画批評真剣勝負」近代映画社）

荻昌弘氏の評価

ミュージカル映画の発展

●MGMミュージカル

舞台ミュージカルを映像化、明るく、楽しく芸を味わう。

●大型画面化

（SamethingComing）トニーがダンス会に行く前に歌う。期待に胸を膨らませる。

④「体育館でのダンス」（DanceatGym）ダンス会場の激しい群舞場面の曲。マリアとトニーが知り合う幻想効果が素晴らしい。

⑤「マリア」（Maria）対立する相手のリーダーの妹マリアに恋したトニーが彼女の美しさをたたえて歌う。

⑥「アメリカ」（America）プエルトルコ移民のシャーク団の連中が、アメリカを痛烈に風刺する歌。迫力の踊り。

⑦「トゥナイト」（Tonight）人目を忍び、夜遅くアパートの裏階段で逢った二人が歌う美しいラブ・ソング。

ブロードウエーのヒット作を豪華で美しくフィルム化。

●舞台ミュージカルと映画ミュージカルの根本的違和を自覚して映画独自の世界へ。

『ウエスト・サイド物語』の秀れた点

1. 動きの激しさ
2. 時代的社会性の鋭さ
3. ドラマの深さ
4. リズミカルなビートの強さを創造

後世への影響

●歌と踊りと芸を楽しみ幸福感を感じる作品は少なくなる。観客が夢物語よりドラマ性を重視し、激しい踊りとテンポを好むようになる。

●スター中心のシステムの崩壊

個人的芸（例タップダンス）を持つミュージカルスター中心から通常のスターが演じ集団演技が多くなる。

●新しいミュージカル映画として秀れた作品がアカデミー賞を受賞

『ウエスト・サイド物語』（61）『マイフェア・レデイ』（64）『サウンド・オブ・ミュージック』（65）『オリバー』（68）

---

⑧「クラブキ巡査、今日は」（Gee,Officer Krupke）

うるさい警官クラブキをヤジル愉快な歌。この場面の振付が傑作。

⑨「アイ・フィール・プリティ」（I Feel Pretty）

マリアの勤める婦人服装店で少女達が歌う楽しい歌。

⑩「手も一つ、心も一つ」（One Hand,One Heart）

服装店でマリアとトニーが結婚を夢見て歌うロマンチックな歌。

⑪「五重唱」（Quintet）

二つのグループのけんかが始まる前、五つの歌を重ねて歌う新形式の歌。映像もいい。

⑫「ケンカの曲」（TheRumble）

高速道路下、激しいけんか場面の伴奏。

⑬「クール」（Cool）

私が今感じていること

●『ウエスト・サイド物語』を越えるミュージカル映画は当面ない。今見ても斬新。

●大監督がミュージカル映画の大作を撮っても、真面目過ぎてか作品が弾まない。『オクラホマ』(フレッド・ジンネマン)『オリバー』(キャロル・リード)

●舞台ミュージカルは観客が限定されているが、映画になると広範囲で全ての層の人が観客になり、観客の影響が作品に反映されてくる。社会情勢も激しく、映画技術の発達(特にCG処理)もあり、今は余程斬新なものでないと受け入れられない状況にある。ミュージカル映画のアカデミー賞は『シカゴ』(2002年)以来ない。

大ヒットしていた『アナと雪の女王』はアニメにミュージカルの要素を持ち込み最新の技術を導入した斬新な映像の作品で大人も楽しめる(お金をかけている)。

しかし、今は映画より生で見られ、様式化された舞台ミュージカルの方が尊重される傾向にあると思う。

けんかの後、ジェット団の連中が「頭を冷やせ」と歌う秀れた歌。この言葉は流行った。

⑭「あんな男」と「私は愛す」(略)アニタとマリアの掛け合いで歌われる二重唱。

⑮「どこかで」(Somewhere)フィナーレの歌。マリアの独唱とオーケストラの演奏。

粋で哀れで可笑しくて
フランキー堺が快演する傑作喜劇

幕末太陽傳

1957 日本

●追憶●

川島雄三監督は、進行性筋委縮症という病を抱えながら、喜劇に才を見せた職人的演出力で、各社で重宝がられて51作もの作品(凡作が多いが)を作って44歳で亡くなり、異才だが不運な監督と言われている。映画が総合芸術であるため、作品の成果は監督の物になることを考えると、私にはこの映画史に残る傑作を演出した川島監督は幸運な人と思われる。

それは多くの凡作があっても、この作品があるため後年高く評価されているからである。

私は、最初に見た時、フランキー堺の粋でリズミカルな動きと労咳もちで死の影を引きずる哀れさも秘めた素晴らしい演技に括目させられた。驚くことには、批評家対象の試写会の終了後初めて拍手が起こった作品だそうであ

●作品紹介●

1．スタッフ

監督：川島雄三
脚本：田中啓一、今村昌平、川島雄三
撮影：高村倉太郎
音響：黛敏郎
助監督：今村昌平
出演：フランキー堺、石原裕次郎
左幸子、南田洋子、芦川いづみ
金子信雄、山岡久乃、小沢昭一
小林旭、二谷英明、岡田真澄
市村俊幸、梅野泰靖

る。

この作品はフランキー堺の存在なくしては成立しない作品で、今回は俳優の個性について考えてみたい。

（長部日出夫氏「邦画の昭和史」新潮社）

●再会してみて●

フランキー堺のこの作品への貢献

●落語に堪能でアイデアを出し、ドラマーとしてのリズミカルな演技で具現化

彼は中学時代から落語で皆を笑わせるほど堪能で（麻布中学の同級生小沢昭一談）、佐平次を労咳もちというアイデアを出して人物を造形した。そして病を抱えながら機敏に動き回るという川島監督の夢を実現させた。二人は撮影中も議論をして、佐平次は戦後民主主義化した日本が辿るべき道という認識で一致した。資源も武力もない日本は、才覚を働かせて生きていくしか道はないということである。

（ユリイカ「川島雄三」）

この二人の緊張感ある関係が作品に結実している。

●ラストシーンの改変阻止

脚本では佐平次は早朝に去っていくことになっていたが、川島監督は現在

モノクロ・スタンダード
110分
1957年キネマ旬報ベストテン第4位
主演男優賞

2. 物語

幕末の混乱期、品川遊郭を舞台に、古典落語「居残り佐平次」「芝浜の皮財布」「品川心中」等を題材とした幕末太陽族映画である。

品川遊郭に威勢よく繰り込んだ遊び人達は、さんざん遊んだ末に払う金がなく、佐平次（フランキー）が人質となって残った。この遊郭には高杉晋作（裕次郎）を中心とした長州志士（旭、二谷達）も異人館焼き討ちを狙って居残っていた。労咳持ちの佐平次は、楼主（金子）にその才覚で

の品川に戻すことを主張し、周囲やフランキーに止められた。以下の会話が面白いので載せる。

フランキー「いきなり現在のスタジオの中をバラスのは、そこまで積み上げたリアリティを一挙にひっくり返すことになる、佐平次が現代を思わせる人物であることは観客に十分に伝わっているはずである」

川島監督「そんな型にはまった几帳面な考え方をよくしますね。（中略）何がひっくり返ろうが構わないのです……。では止めます、フランキーさんが嫌がったから撤回します。あなたのせいです」

川島監督は、今までの自分の作品と違ったこの作品のリアリティある喜劇の重さに耐えかねて、最後は現代に戻すという「楽屋落ち」で逃げたかったのである。これは彼の信条とする「積極逃避」に近いが、改変すれば「ナーンダ」「フザケルナ」となり、ドタバタ喜劇の大作で終わり映画史に残る作品にはならなかったはずである。

監督を説得し、俳優が責任を持つという姿勢で臨んだフランキーの作品にかける熱意に感銘した。

（前述の「ユリイカ」から抜粋）

居残って働くことを承諾させ、まめに仕事をしながら、遊女の恋文の代筆、もめ事の処理を捌いたりして、たちまち遊廓の人気者になる。

また佐平次は、道で拾った時計が縁で高杉達と仲良くなったり、ドラ息子（梅野）と遊女にさせられそうになった大工の娘（芦川）との結びつきに手を貸したり、遊女のおそめ（左）と貸本屋金造（小沢）の心中に関わったりしながら結構稼いでいる。

高杉は、異人館焼き討ちを知られたと思い佐平次を小舟で品川沖に誘い出して斬ろうとするが、「手前一人の才覚で世渡りするからにゃ、へへ、首が飛んでも動いてみせまさあ（※註）」と言い放つ佐平次の気迫と対向する奇策に負けて謝ってしまう。

佐平次は、異人館の焼き討ちも成功させてやり、楼主からも信用され、

3年後に私は川島監督が自ら単独で脚本を書き、フランキー堺が主演した『人も歩けば』を見た。快調なテンポで、奇抜なギャグも面白く、いいなと思っていたが、ラストで全てが主人公の夢だったという「楽屋落ち」にしてしまいガッカリした。この監督は、人物や物事を正面から捉えるのは苦手で、斜めから捉えて逃避するシャイ（ｓｈｙ）な人なのだと思った。また川島監督はこれだけの成功作なのに、落語を題材にした作品は以後作らなかった。

後年、落語に精通し、落語を愛した山田洋次監督が、渥美清という稀有の人材と組んで落語を題材にした寅さんシリーズを作り、大衆の圧倒的支持で長期シリーズとなった。

フランキー堺のドラム演奏

私は20年以上前に学園祭でフランキーのドラム演奏を聴いたことがある。演奏が始まってすぐに彼は演奏を止めてしまった。彼のドラムの速さに他の演奏者が付いて行けず、演奏がバラバラになったためである。フランキーはスピードを調整したのか次は問題なく演奏されたが、私は彼のスピードの速さに佐平次のリズミカルな演技を想起したのである。

遊女のおそめや小春（南田）からも言い寄られる果報者になった。しかし彼は、咳から病が進行していくのを高杉や墓場で騙した客から指摘されたこともあり、「地獄も極楽もあるものか。俺はまだまだ生きてやるぜ」と呟き、何事かを心に秘めて早朝に旅立って行く。

（※註）このセリフは鶴屋南北の「東海道四谷怪談」の主人公である悪人伊右衛門の（たとえ獄門にかけられても）「首が飛んでも動いて見せるわ」から採用している。

●作品鑑賞●

総評

日本の喜劇は、エノケン、アチャコ、伴淳のような個人芸が中心で、話も人情物が多くて印象に残る作品はなかった。最初に見た感想は、遊廓を舞台に古典落語をベースにして奇抜だが洗練されたストーリー展開、フランキー堺のリズミカルな演技、時代劇というよりタイトル通りの現代劇にも通じるという異質の味わいある喜劇という印象だった。

特に落語の廓話（リアルに描くと暗い）の「粋」と「可笑しさ」に佐平次を労咳持ちにしたため「哀しさ」（「死」の影が漂うから一層「生」が輝く）も加わり味わいを増した。

今見ても、時代の変革期での武士と庶民の対応の面白さ等の風刺と文明批評も織り込み、日本では例を見ない喜劇映画となり、不滅の作品に仕上がっている。

脚本の素晴らしさ演出のリズム感

●落語のエピソードを上手くつなぎ、佐平次を労咳持ちにし、長州の志士を居残らせたりするユニークな着想、そして人間の行動の面白さの中に、人間そのものを描くという重喜劇の味わい（脚本に今村昌平が加わる）もある秀れた脚本である。

●喜劇に才を見せる川島監督は、秀れた脚本とフランキー堺の快演もあってリズム感良く快調な演出である。

今見て感心するシークエンス

●佐平次と高杉晋作の品川沖の対決

身分の違う二人の関わり合いを便所、風呂、舟の上、別れと描いていくのがいい。

時代を超越した太陽族の二人が対決するシーンは、颯爽とした裕次郎と庶民のしぶとさと心意気を見せるフランキーの演技が噛み合い、川島監督も逃げずに正攻法で演出して胸のすく場面となった。

●遊女おそめと貸本屋金造の心中のエピソードの面白さ

「品川心中」のネタだが、アバタの金造を演じた小沢昭一（大道芸を研究している）の切れのいい演技で最も笑わせる。

●売れっ子遊女小春が客の部屋を渡り歩くのを捌くフランンキーのリズミカルな動き。

●墓場でのギャグの可笑しさと漂う死生観。

●見事な廓のセットと日活製作再会3周年記念映画のため出演した若手俳優

の演技。

俳優の個性について

俳優の個性が監督の思惑を越えて作品に輝きを与えた例

●『酔いどれ天使』(48)における三船敏郎のスピーディでダイナミックな演技

黒澤監督は戦後派ヤクザを演じる三船の精悍な容貌とダイナミックな演技に惹かれて主役の医師より力点が入り、戦後の混乱を見事に表現した。

●『幕末太陽傳』におけるフランキー堺のリズミカルな演技(前述したので省略)。

●『浮雲』(55)における虚無で頼りないが知的な魅力もある森雅之の演技

成瀬監督もこの作品は俳優の映画だと認め、共演者の高峰秀子も岡田茉利子も「森さんあっての浮雲」と言っている。特に高峰は、「どういうふうに持っていっても受けてくれる最高の俳優」と言っているのは興味深い。高峰の演技の技に対して自然体で対応できたということは、森雅之の個性と力は武道でいう「無」の域に達していたのではないかと私には思われる。

(参考村川英氏著「成瀬己喜男の演出術」ワイズ出版)

俳優の気がつかない個性を監督が引き出した例

●小津作品における笠智衆の日本人としての父親像

笠の持つ生真面目さと誠実さを見抜き、寡黙だが家族を思いやる父親像を定着させた。

●『七人の侍』(54)における宮口精二の剣客久蔵の演技

黒澤監督は宮口の個性から強い人も演じられると見抜き、痩躯、寡黙、無表情だが己を鍛えて行動する魅力的剣客を演じさせて強い印象を残した。

●『仁義なき戦い』(73)での小林旭の知的で指導力もあるヤクザの華のある演技

深作監督は旭の猛者揃いの東映俳優にないスター性から発する華やかさを見抜いていて知的リーダーに起用、華やかで貫禄ある演技で画面を引き締めた。

上記六作品の中で、『酔いどれ天使』を除いた五作品は、2009年に評論家が選出したキネマ旬報オールタイムベスト5に入り、古典的名画になっている。

(『東京物語』『七人の侍』『浮雲』『幕末太陽伝』『仁義なき戦い』の順)

これは偶然ではない。名作、傑作には必ず俳優の秀れた魅力的演技があるからである。

　またスケールで真似の出来ない『七人の侍』（米国では『荒野の7人』で映画化）と『浮雲』『幕末太陽傳』は日本では再映画化されていない。後の2本は森雅之とフランキー堺あっての作品で、芸という技はあっても、個性をともなった二人の演技は余人では真似の出来ないことを証明している。

ヌーヴェル・ヴァーグに対抗した
ルネ・クレマン監督の演出が冴える極上のミステリー

太陽がいっぱい

1960仏

●追憶●

私が初めてルネ・クレマン監督の作品を見たのは小学校の時で、反戦映画の名作と言われる『禁じられた遊び』（51）である。子どもが主人公の可哀そうな映画というより怖い描写とギターの響きが印象に残っている。怖い描写は、両親が機銃掃射であっという間に殺される場面と、死んだ犬を抱いた女の子が注意されて犬を川に捨て、その犬が流されて行く場面である。怖かったのは映画を見ているよりニュースを見ているような臨場感があったからだと思う。中学の時見た『海の牙』（46）は、ナチス崩壊時の極限下でのドラマで、内容からして恐ろしく、冷徹な視線の描写（当時はわからなかったが）で一層凄みが増していた。

●作品紹介●

1．スタッフ

監督：ルネ・クレマン
原作：パトリシア・ハイスミス
脚本：ポール・シュコラ
　　　ルネ・クレマン
撮影：アンリ・ドカエ
音響：ニーノ・ロータ
出演：アラン・ドロン
　　　モーリス・ロネ
　　　マリー・ラフォレ

その後、何故か学校で上映されたレジスタンス映画の『鉄路の斗い』(41)、名画座で見た『居酒屋』(56)もある。どの映画もドキュメンタリータッチで、臨場感があり、リアリズムで描いた他の監督の作品とは明らかに印象が違っていた。

●再会してみて●
ヌーヴェル・ヴァークの台頭

1950年代後半から起こったこの革新運動で、従来の有名監督の作品は古いと決めつけられたため、制作の場を失った監督達は、若い世代を題材にした作品を撮らざるを得なくなった。あの『天井桟敷の人々』(45)のマルセル・カルネ監督も『危険な曲がり角』(58)を撮ったが、生煮えで、単なる風俗紹介にとどまる凡作だった。

私はこの作品を初めて見る前は、題名と美男俳優アラン・ドロンの主演から太陽の下での青春の光芒の鮮やかさと切なさをベースとしたサスペンス物と思っていた。しかし作品の印象は全く違っていた。太陽と海、甘美な音楽はあるが、資本主義の生み出した「金」に執着した若者の行動と狡猾な犯行を、

カラー・ヴィスタサイズ122分
1960年キネマ旬報ベストテン第3位

2. 物語

貧しいが美貌と才能と野心を持った青年トム・リプレイ(ドロン)は、中学時代からの金持の友人フィリップ(ロネ)の父親から5000ドルを貰って、パリ娘マルジュ(ラフォレ)と遊び歩く息子を連れ戻す約束でナポリにやって来る。フィリップは豪華なヨットを持ち、マルジュを誘ってトムと太陽の下の海の生活を楽しむ航海に出た。彼は、貧しいトムを軽蔑し、飼い犬のように虐めることに興味を持ち始める。そしてフィリップはトムを裸身のままボートに放り出して、太陽で肌を焼かれ苦し

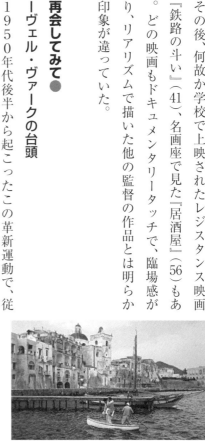

冷徹な視線で鋭く描き出す新しいサスペンス映画だったのである。このクレマン監督の演出は「完璧」と賞賛されたようである。

ヌーベル・ヴァーグへ対抗して見せた練達の演出力

- 原作は若い世代の犯行を扱ったパトリシア・ハイスミスだが結末は変更。
- 撮影にアンリ・ドカエ（『死刑台のエレベーター』『恋人たち』『いとこ同志』）を起用、モノクロでなくカラーで素晴らしい場面を描出。
- 音楽もニーノ・ロータを起用、甘美だが憂愁のある曲で効果をあげる。
- 人間を育った環境をバックに彫深く描き、行動の動機も明確にしてドラマ性を統一。
- ドロンの演技を始め若い俳優に存在感ある演技をさせる。
- ヌーヴェル・ヴァーク派と同じ題材、同じスタッフを使いながら、ドキュメンタリーで鍛えた腕で、テンポは速いが誰にも感情移入せずに、冷静な眼を失わずに新しい娯楽映画を誕生させた。

リアリズムをドキュメンタリータッチで描く新しさ

それまで見た映画では、歓喜の場面や恐ろしい場面で、雰囲気や背景の描写と音楽を用いて描いていくが、ドキュメンタリータッチで、流れの中でさりげなく描くので（実際はそうなのだがドラマ性が希薄になるので避けてい

んでいる時に船内でマルジュと楽しんでいた。トムは次第にフィリップに殺意を抱き、狡知を働かせてマルジュと喧嘩させ、怒ったマルジュは船を下りてしまう。トムはカードゲーム中にフィリップを刺殺し、シートに包んで海に投棄した。

陸に戻ったトムは、フィリップになりすますため、身分証明書を偽造し、サインも声も真似て、親元からの金を引き出し、マルジュにも電話した。フィリップの叔母からの目を逃れたトムは、旧知の友人から見破られそうになると、躊躇わずに叩き殺して死体を捨てた。

トムは、マルジュにフィリップはモンジベロに戻ったと誤魔化し、フィリップを犯人に仕立てるためモンジベロに行き、全財産をマルジュに残して自殺するという彼の遺言書

た）臨場感があり、かえって凄味が増す。この作品は前半（海上）と後半（犯行を隠ぺい）とを同じタッチで描いているが、作品としての統一性は確保されている。

●作品鑑賞●

総評

ヒッチコックのハラハラさせる映画とは異質な味わいのある新しいサスペンス映画である。前半の若者三人の性格と行動を、外は眩しい太陽と波の高まる青い海、内は息苦しい狭い船内を背景に、金を持っている優越性だけでトムを自分の恋人の前で、精神的にも肉体的にも痛めつけるフィリップに対する殺意の醸成は、殺人場面よりも観客の胸をジワジワと締め付ける。後半の、計画的犯行を重ねて、金と狙った女を手に入れて満足感に浸り、そして衝撃のラストへという過程は、明らかに違ったドラマ的描写である。この二つを、ドキュメンタリータッチの素晴らしいカラー映像と甘美だが物哀しい音楽で、統一ある作品に仕上げる演出力の凄さに感服した。

荻昌弘氏は「クレマンの演出は、まさに壮麗といっていいほど絢爛とし、そ

を書き、ナポリへ戻った。そして苦しむマルジュを慰め、彼女と結婚の約束をした。トムは美しい娘と莫大な財産を手に入れる計画の成功の美酒に酔い、浜辺で太陽の眩しさにも酔っていた。その時、売却のために引き上げられたヨットの底からスクリューにからみついたロープとシートに包まれたフィリップの遺体が浮き上り、「キャー」というマルジュの声が響いたが、トムは気付かなかった。

照りつく太陽の眩しさと海の青さと甘美な音楽の中での衝撃の幕切れである。

してスピーディだ。しかし底に光るのは、人間を凝視するクレマンの眼の残酷なほどの冷たさである」と述べている。

（「スクリーン」1960年7月号）

カラー映像の良さを初めて味わう

カラー映画は、色彩の美しさはあるが、モノクロ映画のような画面の陰影が出しにくく、映像に深みが劣ると思っていた（予算の関係もあるが）。ヌーヴェル・ヴァーグの初期の作品は全てモノクロである。特に犯罪映画は、夜の場面も多く、心理も暗いのでモノクロ画面が合っている気がしていた。この作品は、太陽の眩しさ、海の青さ（碧さ）と波の白さ、衣装の赤と白等の対比に人物の心理を被せるという、風景画でないカラーならではの映像で華麗な残酷さを見事に表現している。

今回見直して感心した場面

●冒頭でのフィリップの友人（後半に殺される）とトムとの作品全体を象徴する会話

友人「今仕事は？」

トム「ない。お前は？」

友人「ない。だが金はある」
トム「俺には他人の金がある」
友人「彼は金は出さないよ」

●盲人の杖を大金で買い取り、その真似をするというフィリップの残酷さの強調。

●貧乏の脱出と憎悪の増長

トムはフィリップの服を着て靴も履き、鏡の前で自分にうっとりしている。フィリップに見つかり、取り上げられて蔑まれる、トムの複雑な表情。

●トランプをしている時にさりげなく刺殺する場面、死体を始末する場面の波の高まり。

●パスポートを偽造し、サインを真似る練習をするリアルな描写。

●トムの心情を象徴する魚市場での魚のグロテスクな姿（ここはやや異質）。

●時折カットインする映像が効いて入る（小津映画を思わせる）。

ラストの甘美な音楽が流れる中で、美しい青い海

に浮かぶヨット、トムの満ち足りた表情、犯罪の発覚を告げるマルジュの叫びが並行して描かれて衝撃を増す。

俳優について

若い三人の俳優はそれぞれ役柄に合った好演である。特に美男俳優ドロンの個性の中から貧しい育ちを感じさせるものを引き出し、ドロンもこれに応えて「才はあるが貧しい環境に育った屈折ある感情を持った美貌の青年」を見事に演じ、以後はヴィスコンティ等の有名監督の作品に出るようになった。ロネの若さの持つある種の残酷さの表現もいい。

ラフォレの硬質な美しさと儚さの魅力も新鮮だった。

その後のクレマン監督について

『鉄路の斗い』で颯爽と登場したクレマン監督は、従来の監督にないドキュメンタリータッチのリアルな映像とその卓越した演出力で、次々と名作を発表、フランス映画の新しい代表監督として活躍してきた。『太陽がいっぱい』は、彼の積み重ねたキャリアに新しいもの（題材・技術・俳優等）にも挑戦した成果が生み出した頂点となる作品である。

普通、文化は興隆期、全盛期、爛熟期、衰退期と推移していく。特に爛熟期にはそれまでの成果を様々な形で味わえるが、人間の才能は、時代の変化という外的環境に左右されるので衰退期に入るのが早い。頂点（全盛期）を極めたクレマンは、ドロンやドカエ（撮影）達と『生きる歓び』（60）というコメディを撮り、1966年に大作の実録ドラマ『パリは燃えているか』を完成させるが、ドキュメンタリータッチの映像に見るべきところはあっても過去の鋭さはない。以後は、『雨の訪問者』（69）『狼は天使の匂い』（72）とサスペンスや小味の効いた趣味的犯罪映画を発表したが、話題にはならず、全盛期から殆ど爛熟期もなく衰退期に入っていったようである。2007年に評論家やジャーナリストが編集した「501映画監督」（640頁、スティーブン・シュナイダー編集責任、講談社）にはクレマン監督の名前はない。残念である。

時の流れを感じさせてくれた美しい反戦映画

ビルマの竪琴

１９５６日本
１９８５日本

●追憶●

ドイツ文学者竹山道雄さんが、１９４８（昭和23）年に発表したメルヘン的に描いたビルマ戦線の話（児童向け童話）を、市川崑監督が、夫人の和田夏十さんの脚色で映画化した。

私は中学時代に見て、30年後の同じ監督で再映画化された作品も見ている。この作品は、日本の国情、作る側、見る側（私）、それぞれの視点で時の流れの変化を感じさせてくれたので、作品を論ずるより時の流れについて述べてみたい。

中学時代（一作目、初見）

私は父から童話については聞いていていたが、映画は学校で初めて見た。一部、二部に分かれた長い映画だったが戦争の話なのに何故かとても静かな映画

●作品紹介●

1956年

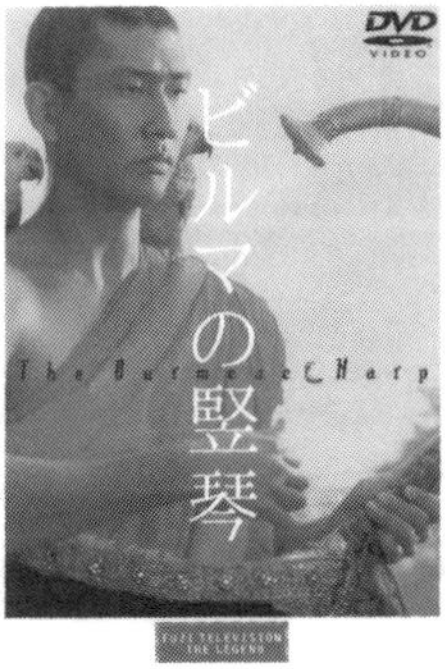

1985年

だった気がする。それまで見た反戦映画は、血みどろな戦闘場面や残虐な上官に部下が苦しめられる軍隊の非人間性を描いた暗い作品（『きけわだつみの声』『真空地帯』等）ばかりだったので、何か異質な感じがした。これがメルヘンとは理解していなかったが、音楽の力や僧となって埋葬していく宗教としての力は理解できたので厳粛な思いにもなっていた。印象に残っているのは、「埴生の宿」の合唱、別れの「仰げば尊し」の美しい音色、親子象が通る場面、埋葬の煙、手紙を読む帰還の船の場面である。

帰って父に感想を言ったら、「そうか、良かったな」と言っただけだった。苦学した父は、大学入学前に教員をしていて、教え子が戦場で散っていったことに思いを馳せているようだったので、その後の会話は控えた。

関西への転勤（30年後の再映画化作品の鑑賞）

１９８５（昭和60）年、私は急に関西への転勤命令を受けた。関東育ちの私には不安もあったが、下の娘（小５）は友達と別れたくないのか絶対に行かないと言い泣いていた。

こんな時、一家で再映画化されたこの作品を見に行った。子どもたちはどの程度理解したのかは判らなかったが、家内が「音楽ってやはりいいわね」と言うと、素直に頷いていた。

1．スタッフ

	1956年	1985年
監督	市川崑	
原作	竹山道雄	
脚本	和田夏十	
撮影	横山実	小林節雄
音響	伊福部昭	山本直純
出演	安井昌二	中井貴一
	三国連太郎	石坂浩二
	北林谷栄	
	三橋達也	菅原文太

市川監督は、死去した夫人の同じ脚本で、念願の現地ロケをしてカラーで撮り上げた。

監督も私も、30年の歳月で、その視点は、変わるものと変わらぬものが互いに反映していた。戦後40年、戦争が風化して話自体が心理的に遠退いており、かえって秩序ある軍隊の行動、音楽や宗教の力、ビルマの穏やかな人と風土から人間のあるべき姿を問うという理想を求めたメルヘン的映画としての意味合いが強まっている気がした。作品自体も前よりドラマ的要素を強め、水島側から描いている点も判りやすくなっていた。

カラー作品の強み（インコの青、ルビーの赤、木々の緑と赤い土、僧衣の黄色等）もあるが、リアルな色はメルヘン的要素を奪うので、最初（導入部）と最後はモノクロで撮り、死体の血も見せないよう工夫され、監督の思いと演出力の円熟さが感じられた。

（私事で恐縮ですが、関西行きを泣いて嫌がった娘は、新しい環境に慣れた体験が自信になったのか、大学は家を出て名古屋に行き、その後、遠い八戸に嫁に行ってしまったのだから判らないものである）

モノクロ・スタンダード（カラー・スコープ）１１６分
（１１５分）
１９５６年キネマ旬報ベストテン第5位、１９８５年第8位
ヴェネチュア映画祭サン・ジョルジオ賞
（人類の共同生活に寄与する人間の能力を最も良く描いた作品に与える特別賞）
その他多数受賞

●再会してみて●

二百三高地にて

２００４（平成16）年、私は仕事で大連に行き、二百三高地を訪れた。「坂の上の雲」を思い出しながら旅順港を見下ろした後、水師営で中国人の元教師の人から日本語で説明を受けた。その時、私は『ビルマの竪琴』で見落とした点に気付いた。日露の戦いを異国の地で行ったので中国の地に大きな傷跡を残していたからである。異国のビルマの地での戦いは、ビルマの人々にも多大の迷惑をかけたはずである。それなのに、あの穏やかさは何処からくるのだろうか。ビルマの僧の「イギリス軍が来ても、日本軍が来ても無駄である。ビルマはビルマだ」という言葉の重み（私なりの解釈ですが）、苦しみの多い世で強く生きるには、仏に仕えて自分の心を磨いていくことしかないのである。

私は、水島の手紙は死んだ戦友を弔うという気持ちから現地に残ると思っていたが、ビルマの民への謝罪の気持ちも含んでいたことをやっと理解したのである。またそれが竹山さんが言いたかったことの一つであるはずなのに、映画ではこの視点がやや弱いということにも気付いたのである。

---

2. 物語（１９５６年作品）

１９４５（昭和20）年夏、ビルマ戦線で敗走する日本軍の中で、音楽学校出の井上小隊長（三国）の率いる部隊は、兵達の士気を鼓舞し、人間性を保たせるために、皆で「荒城の月」等の歌を合唱し、秩序を持って苦しみに耐え、助け合って行動していた。

隊の中の水島上等兵（安井）は、音楽に才があり、ビルマ風の竪琴を作って弾き、合唱の伴奏をしていた。イギリス軍に包囲された小隊は、わざと「埴生の宿」を合唱して敵に気付かぬふりをして逃走の準備をするが、イギリス軍の兵士達も同じ歌を歌い出し、互いに合唱することになった。イギリス軍から戦争の終結を知らされた小隊は、投降してムドンの捕虜収容所に送られた。ただ水島一人は志願して、付近の三角山

●作品鑑賞●

総評

市川崑監督はメロドラマや喜劇、そして才気に任せた『プーサン』(53)などユニークな作品を多作してきたが、念願のこの作品は夫人でもある和田夏十さんの脚色で(この脚色は原作の精神を伝えて素晴らしい)正攻法で撮り上げ、静かに反戦を訴える美しい作品を完成させた。現地ロケでカラーの再映画化作品も、監督の演出力の進歩もあり、ドラマ性は強くなったが、音楽と宗教の力とヒューマニズムに貫かれた原作の精神を十分に伝えて「文部省特選」に相応しい判りやすく後味の良い作品になっている。

俳優の演技について

一作目は戦後間もないので兵隊の動きが自然だが、二作目は動きがぎごちないので、声を大きくさせ、アップも多用している。一作目の水島役の安井昌二は、静かで無表情な僧としての雰囲気が良く出ており、夫人が推薦した二作目の中井貴一は、若々しく清潔な雰囲気で、動きも良く好演である。隊長役の三国連太郎は上手い。石坂浩二は、今回は水島側から描いており、やり難かったはずだが抑制した演技でこれも好演である。

驚いたのは、物売りの老婆役の北林谷栄で、どちらの作品も印象的演技で

で抵抗を続ける日本軍に終戦を知らせ、降伏を勧める伝令として隊を離れた。

三角山の隊長(三橋)は降伏を拒否し、部隊は全滅して水島も戻らなかった。収容所の小隊は、大阪弁を話す物売りの現地人の老婆(北林)に水島の行方を探すことを頼んだ。

労役作業に出た小隊は、水島によく似た青いインコを肩に乗せたビルマ僧と橋の上ですれ違うが、僧は呼びかけに応じずに歩み去った。水島は負傷後にビルマ僧に救われたが、部隊に戻る途中で夥しい日本兵の死体を見て深く心を打たれ、死体を埋葬した。彼は、イギリス軍が「日本無名兵士の墓」を作り、花を添えているのを見て、この地に空しく屍をさらす白骨の兵達の埋葬を続けるためにこの地に止まる決意をしたので

時の流れなど感じさせないプロとしての凄みを出している。

今回見直し（二作目のみ）また調べて気付いたこと

●竹山さんは、戦争にもビルマにも行かずにこの美しい反戦の物語を童話として書いたのは、純粋な子どもに未来を託したのだと思う（童話は大人も子どもも安心して読める）。

●仏教は死んだらどんな人でも仏として丁重に扱う（西洋はミイラにしたりして物体と扱う場合がある）。全編に死者に対する仏教的（東洋的）優しさが感じられる。また敗戦国である日本がこんな平和を願う作品を生み出したことは世界的にも歓迎された。

●市川監督はやはり同じ脚本で、主役まで同じ石坂浩二で、30年ぶりに「犬神家一族」を再映画化し、これが遺作となった。

最近の戦時下でのドラマの描き方について

戦後70年を経過した今、戦争そのものを映画化しても若い人には受入れ難い状況にある。昨年からヒットした山崎貴監督の特攻隊を描いた『永遠のゼロ』は、現代の若者が、特攻で死んだ祖父の謎を追求していくというミステリー仕立てにしている。また戦時下でのある家族の不倫を描いた山田洋次監督の『小さいおうち』は、若い孫が、その家庭で女中をしていた祖母の日記か

ある。彼は物売りの老婆からもらった青いインコを肩に乗せて巡礼の旅を続けていた。物売りの老婆から事情を聞いた井上隊長は、水島のインコと兄弟というインコに「水島、一緒に日本に帰ろう」という日本語を覚えこませ、三日後の帰還が決まった日に、そのインコをあの僧に渡すことを老婆に頼んだ。出発の前日、あの僧が皆の前に現れ、柵の向うに立った彼は、帰還を促す皆の呼びかけに答えず、竪琴で「仰げば尊し」のメロディを弾奏して消えていった。

翌日、物売りの老婆は青いインコと水島の手紙を井上隊長に手渡した。インコは歌うように「アア、ジブンハカエルワケニハイカナイ」と叫んだ。戦友達は帰国する船の中で、隊長から帰国を断念した彼の決意を表明した手紙を読んで聞かされ、彼

ら当時の状況を辿っていくというやはりミステリー仕立てになっている。いずれも原作はあるが、このような若者の視点から戦時下の出来事を浮かび上がらせたのが共感を持って広く受け入れられた理由と思われる。

がビルマ僧になってしまったことを理解し、日本に帰らぬ決意に思いを馳せらせるのだった。

ヴィスコンティの絢爛たる美学に圧倒される

夏の嵐

1954伊

●追憶●

戦後の敗戦国であるイタリアからはネオリアリズムを指向したロッセリーニ、デシーカ、ヴィスコンティ、少し遅れてフェリーニが輩出して、次々と秀れた作品を発表した。どの作品も戦争や社会の厳しさをドキュメンタリー的タッチで追究していたが、唯一人ヴィスコンティだけは、その後リアリズムではあるが耽美的で華麗な作風へと変わっていった。

私は、日常生活から切り離された耽美的思考や、背徳、倦怠、退廃、堕落に惹かれ、その痺れるような刺激に陶酔してみたいという気持ちが強いことに気付いたのは、ヴィスコンティ作品に接してからのような気がする。私が彼の作品で最も愛着があるのは、ナチズムに操られて崩壊していく鉄鋼一家を、「荘重にして暗鬱、耽美的にして醜怪」（三島由紀夫）に描いた『地獄に堕ちた勇者ども』（69）であるが、あまりに凄くて、不快に思われる可能性があるので、

●作品紹介●

1．スタッフ

監督：ルキノ・ヴィスコンティ
原作：カミッロ・ボイト
脚本：ヴィスコンティ
撮影：G・R・アルト
　　　ロバート・クラスカー
音響：アントン・ブルクナー
出演：アリダ・ヴァリ
　　　ファーリー・グレンジャー
　　　マッシモ・ジロッティ

最初に接して陶酔した『夏の嵐』(54)を取り上げてみる。この作品の原作(原題も)は「官能」で、「官能的」などという言葉の響きだけで充分に「官能」を刺激される年頃に見たからかもしれない。

●この作品の初見は中学時代で、三本立ての中の一本だった。題名からハリケーン物のスペクタルかと思っていたら、それまで見たこともない強烈な印象の映画だった。覚えているのは、『第三の男』で硬質な美しさを見せたアリダ・ヴァリが扮した貞淑な貴婦人が、女たらしの占領軍の士官に惹かれて堕ちていく様を、古典的音楽と華麗な背景の中で、徹底的に描き抜いた凄さに圧倒されたことである。あれほど好きだった男を死に追いやり、狂気のように叫んで白い服を引きずりながら消えていくラストで不思議な陶酔を味わった気がする。「愛」は美しいと単純に思っていただけに、それが「憎悪」にも変わるという底知れぬ恐ろしさも少し知ったことになったとも言える。

●数年後、名画座で気になっていたこの作品を見て、最初の印象が増幅され

カラー・スタンダード 119分
1955年キネマ旬報ベストテン第29位

2. 物語

1866年5月、オーストリア帝國に支配されていたヴェネツィアでヴェルディのオペラ「吟遊詩人」が上演されていた。上流階級に混じって白い服のオーストリア士官達も観劇していたが、抵抗運動を続けるロベルト侯爵(ジロッティ)は「イタリア万歳」と叫んでビラをまき、オーストリア軍の中尉フランツ・マーラー(グレンジャー)と決闘しそうになる。

それを見たセリピエー伯爵夫人リヴィア(ヴァリ)は、従弟ロベルトを救うために決闘をやめさせる。リ

た。ヴィスコンティのオペラ（人間の感情を強い音響で更に強める）のような華麗な舞台的演出は、歌舞伎を見るような気もした。大切な抵抗組織の資金を男に渡した時の凄い音響に驚き、何もかも捨てて男を求めて汚れた服を引きずるヴァリの鬼気迫る演技の凄さ、そして堕ちていくことの魅惑は避けがたかった。

●再会してみて●

●歌舞伎の心中物との違い

私は、近松門左衛門原作の「恋飛脚大和往来」を映画化した『浪花の恋の物語』（59）、内田吐夢監督、中村錦之助主演）を見ていた。飛脚屋の養子忠兵衛が恋に落ちた遊女梅川の身請けのため「封印切り」（客の金に手をつける）し、追われて道行きとなり心中していく様を、日本的に哀れだが、静謐で美しい描写で描いている。

『夏の嵐』も男を死に追いやり、自分も狂気のように彷徨うというのは一種の道行きである。しかしその舞台的演出は耽美的だが余韻は違う。私には草食形と肉食形の違いのように思われた。

ヴィアは50歳過ぎの伯爵の貞淑な妻だが、ロベルトの抵抗運動に理解を示していた。リヴィアは、国外追放になったロベルトに面会に行った帰途、フランツと会い、不思議な心の動揺を覚え、二人は夜の街を語り合って歩いた。

リヴィアはフランツへの欲情を抑えられず、宿舎を訪ねて、敵である将校と唇を交わしてしまう。二人は部屋を借り、逢瀬を重ねて、彼女は地位も夫も抵抗運動も忘れて情熱の

紅い貴族と呼ばれ、ネオリアリズムの代表する映画作家と思われていたヴィスコンティが日本に最初に紹介されたのがこの『夏の嵐』である。19世紀中頃のヴェネチュアを舞台に、貴族を主人公に華やかなオペラ的演出のこの作品は意外な印象を持たれたようである。その後の彼は、貴族出身で音楽劇の演出も手掛け、自己の才能を発揮した余人では真似の出来ない華麗で耽美的作品を次々に発表していった。今回ビデオで見直して私が彼の作品に求めていたのは、誰も描けなかった本物の耽美的、退廃的な滅びの美学に浸りたかったことで『夏の嵐』こそ、その潜在的欲望を引き出してくれた契機となる作品であったと再認識したのである。

●作品鑑賞●

総評

日本で初めて公開された『夏の嵐』はヴィスコンティ宇宙（世界）の原点と言われている。ミラノの公爵家で生まれ、貴族教育を受けたヴィスコンティは、マルキシズムに接近してネオリアリズムからスタートしたが、人間的ロマネ

虜になってしまった。フランツが軍務で他所に移動して姿を消した後、リヴィアはロベルトから抵抗運動の軍資金を預かり、同志に渡すことを依頼された。

戦火は拡大し、リヴィア一家もアルデーノの別荘に移ったが、そこへフランツが訪ねて来る。最初は拒んだリヴィアの心も、たちまち崩れて、除隊には金が必要というフランツに預かった軍資金を渡してしまった。クストーザの激しい戦闘でロベルトは重傷を負うが、リヴィアは、フランツがヴェローナに居ると聞いて、全てを捨ててヴェローナに向かう。

ようやく発見したフランツは、全く心変わりし、渡した金で娼婦と暮らす自堕落な男になっていた。彼は「もう俺は将校じゃない。紳士でもない。飲んだくれの脱走兵だ」と叫スクを追求、バロック的華麗さを加えてオペラの演出まで手掛けた。貴族の血は争えず、19世紀～20世紀の貴族社会を自分の世界として、その作家的精神を失わずに、堂々と己の宇宙に取り込み君臨するという他に例を見ないスケールの大きい作品を生み出した（「ヴィスコンティ集成」フィルムアート社）。彼は、華麗なオペラ場面から始まるこの作品について「人間ドラマの絵画と音楽の複合的再創造である」と述べている。確かに全体が舞台的、様式的に統一された絵画的場面が多いが、感情の激しさを音楽の力で浮かび上がらせるという演出が見事である。

対立の図式について

ドラマは対立があって成立するが、私にはこの対立図式の描き方が個人的感情を優先して描かれているのが興味深かった。カラーで撮られた占領軍とイタリア軍の戦闘場面も絵画的で緊迫感は少ない。リヴィアの背徳的な深い情熱とフランツの遊び心で手軽な愛との対立は、服装による階級的立場は現出しても、最後は衝動と裏切りという狂気の世界へ向かう感情で処理してい

び、「ロベルトを密告したのも俺だ」と言って大きな笑い声をあげた。更に、絶望して部屋を出ていくリヴィアに「帰れ、行け。浮気女出て行け。死んでしまえ。止まるな」とその背に罵倒を浴びせた。

あまりのことに錯乱したリヴィアの彼への愛は憎悪に変わり、卑劣な密告者となって、オーストリア軍の司令部を訪ねて脱走したフランツの隠れ家を教えた。白い服を着たリヴィアは、虚脱状態になって夜の街をさまよい歩き、「フランツ、フランツ」と狂人のように彼の名を呼びながら闇の中へ消えていった。逮捕されたフランツは、恐怖におののき身もだえしながら刑場へ引かれ、銃声とともに石畳に崩れ落ちた。撃った兵士は、隊伍を組んで低い歌声とともに去り、そこには闇と静寂がある

る。

俳優の演技と衣装や調度について

前述したようにアリダ・ヴァリの貞淑から次第に堕ちていく演技は鬼気迫る。誇りは秘めていても、感情は抑えきれず、美しさから汚さへと進む激しさには唖然とさせられる。グレンジャーは女たらしの損な役だが意外に好演である。尚、この作品は当初イングリッド・バーグマンとマーロン・ブランドで企画された。

オペラの舞台は当然本物だが、観客（貴族の華麗な衣装と将校の白い軍服）も巻き込むこのシーケンスの演出は味わい深い。また別荘を含めた住居の豪華さや本物の調度品の見事さ、白を基調とした服装も作品に厚みを加えている。

その後のヴィスコンティ監督

１９６０年にはミラノに移住してきた貧しい一家の破壊されていく様を描いた『若者のすべて』（これは傑作）を発表後、新旧両世代の変遷を壮麗に描いた『山猫』（62）でカンヌ、エレクトラの悲劇を現代化した『熊座の淡き星影』（65）でヴェネチュアと各映画祭でグランプリを獲得している１９６９年の『地獄に堕ちた勇者ども』から『ベニスに死す』（71）『ルードウィヒ神々の黄昏』

ばかりだった。

（73）までのゲルマン3部作は、家族の崩壊をモチーフに異常愛と滅亡の美学を描いて彼の世界の集大成となった。その後発作に倒れたが、執念で『家族の肖像』（74）、『イノセント』（76）を完成させて1976年3月17日に69歳で没した。地位と才能に恵まれた華麗な芸術家の立派な生涯と言うしかない。

私のジャンル別 ベストワン Best One

アクション映画

ナバロンの要塞（61）

理屈抜きで面白い戦争アクションの快作。CG等映画技術の発達した今は出来ない作品。

SF映画

「スター・ウォーズ」シリーズ（77）

「2010年宇宙の旅」（68）の方が画期的だが、映画の夢と面白さを追求した点を評価。

サスペンス映画

めまい（58）

「第3の男」（49）は別格として、このヒッチコックの魅惑的な映像の魔術に酔わされて私もめまいになった。

泣ける映画

ヘッドライト（56）

ヌーヴェル・ヴァーク前の古典的フランス映画。この静かな味わい（映像、音楽、演技等）にひっそりと泣ける。

コメディ映画

お熱いのがお好き（59）

ワイルダーの名演出とジャック・レモンの名人芸、誰もが楽しくさせてもらえる。

恋愛映画

夏の嵐（54）

ヴィスコンティの描くこの重厚で華麗で耽美的なドラマは人を陶酔させる力がある。

青春映画

冒険者たち（67）

登場人物の年齢は高いが、男二人と女一人の夢と友情、そして挫折が甘美な物悲しさに包まれて至福の味わいがある。

ミュージカル映画

ウエスト・サイド物語（61）

テーマ、技術、映像、その斬新性でミュージカル映画の新しい分野を開拓した。

アニメ映画（日本）

天空の城ラピュタ（86）

アニメは日本。男の子の夢と冒険、宮崎アニメはどれもいいが、これが1番好き。

ホラー映画

エイリアン（79）

宇宙という空間で恐怖を味わう着想、創造的エイリアンの姿、とにかく怖かった。

高倉健追悼

正統派任侠映画 昭和残侠伝

1965日本

異色文芸やくざ映画 冬の華

1978日本

●追憶●

高倉健が亡くなった今も、追悼の声と関連本の出版、追悼上映が続いている。私はやくざ映画が好きで、彼のファンでもあるが、この現象には驚いている。彼の作品の大半は、東映の活劇や任侠映画なのに、殆どの賛辞が『幸福の黄色いハンカチ』(77)以降の国民的スターになった作品に集中している。今回は高倉健(健さんと以降使い分ける)の追悼として、彼の人気を不動のものとした正統派任侠映画『昭和残侠伝』と義理堅い彼が育ててくれた東映の要請で撮った倉本聰(健さんのファン)脚本の文芸やくざ映画『冬の華』を取り上

●作品紹介●

1. スタッフ

『昭和残侠伝』

監督：佐伯清
脚本：村尾昭、山本英明
撮影：星島一郎
音響：菊池俊輔
出演：高倉健、池部良、三田佳子
菅原謙二、江原真二郎
伊井友三郎、水島道太郎

カラー・スコープ　91分

げてみたい。

やくざ映画が好きになった契機

大学時代、他の学部の教授と懇意になり、その先生は東映やくざ映画の大ファンだった。先生は場末の映画館に一人で行くのを躊躇って私を誘い、帰りには夕食を御馳走してくれた。中でも高倉健が錦之助の代役で主演し、一躍任侠スターになった『日本侠客伝』(64)が素晴らしく、翌年にこの作品を踏襲した『昭和残侠伝』で二人共、高倉健のファンになった。その後夥しく量産される任侠映画、実録映画を見続けた。例外で1本だけあまりに破壊的でお蔵入りしていた松竹の『乾いた花』(64)を鮮明に覚えている。横浜を舞台に、静かで凄味のある賭博シーンと、生きることの空しさを殺しと賭博で埋めているやくざに扮した2枚目の池部良の、目を見張るほど新鮮な演技が強く印象に残っている。

●再会してみて●
高倉健について

1987(昭和62)年、石原裕次郎が亡くなった時、私は、これで本物のスターは高倉健と吉永小百合だけになったと思った。このスターとは、演技力

『冬の華』

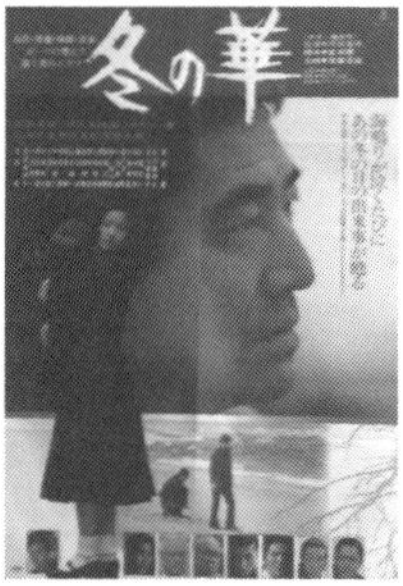

監督:降旗康男
脚本:倉本聰
撮影:仲沢半次郎
音響:クロード・チアリ
出演:高倉健、池上季実子、三浦洋一
田中邦衛、池部良、藤田進
北大路欣也、小池朝雄
倍賞美津子

カラー・スコープ　110分
1978年キネマ旬報ベストテン
第8位

でなく、俳優の個性（人格も含む）に作品が近寄ってくる役者のことで、どんな役をやってもその個性は変わらないということである。高倉健は、その見事な体型と三白眼の鋭さと優しい眼差しを生かして無骨で一途に生き、寡黙で一本気な男を真摯に演じてきた。殴り込みの撮影前は3日間休んできっちり筋肉と体力を作り、6時間かけて唐獅子の刺青を入れて撮影に臨んだそうである。彼は、私生活など切り売りせず、イメージを損なうことなく行動し、カリスマ的な存在になった。私は、早逝するスターが多い中で、最後まで主役を演じて天寿を全うした稀有の俳優だと思っている。

印象に残っている生前の高倉健への評価

山田洋次監督『幸福の黄色いハンカチ』

（「高倉健望郷の詩」芳賀書店より）

この作品は、刑務所から出てきた過去がある中年男に余程魅力がなければ成立しない企画で、スタッフから高倉健の名前が出た時、健さんなら出来ると天の啓示のようにピッタリきました。私は彼の映画で眼に魅かれ、眼に悲しみや喜びの色を浮かべることの出来るということは、この人がやくざ映画に精魂を込めて立ち向かっている証拠なんですね。

早速本人に会いました。彼は力強く「やります」とその場で答えてくれました。大スターは、取り巻きがゾロゾロいて、スケジュールだのと勿体ぶるの

2．物語

『昭和残侠伝』

終戦直後の浅草、古い地元のやくざ神戸組の親分（伊井）は、マーケットの建設で揉めている新興やくざ組織新生会に暗殺されてしまう。跡目は幹部（菅原）が継ぐが、戦地から息子の清次（高倉）が帰って来たので跡目を譲る。清次には、言い交わした仲の綾（三田）がいたが、戦地から戻らぬので親戚筋（江原）の妻となっていた。敵対する相手の嫌がらせに耐えに耐えてきた清次だったが、綾の夫や組員も殺され、建設中のマーケットも燃やされて、遂に堪忍袋の緒が切れて、単身で相手に斬り込む決意をする。その途中で客分の重吉（池部）が同行を申し出て、主題歌が流れる中二人の男の道行き後斬り込む。重吉は死ぬが、清次は相手を倒

ですが、彼は一人で現れ、一人で返事をしてくれました。(中略)無駄のないきれいな生き方をしている人だと思いました。

石井輝男監督『網走番外地』シリーズ

(「石井輝男映画魂」ワイズ出版より)

やっぱり健ちゃんが(自分の主演する映画に)誰が来てもふっと迎えてくれる人だからですよ。自分の出場は抑えても、来た人を大事にしようというのが健ちゃんの最高の良さですよ。主役の自分が喰われるのを気にする人が多い中で、来た人を立てるなんて出来ないことですよ。どこで習ったのかなと思うほど大らかないい俳優さんですね。

「回復された生の幻影高倉健の映像」

(「朝日ジャーナル」69年9月14日号より)

ストーリーが展開して、忍耐も、もはやこれまでという時、英雄である主人公は、自身の命運を閉ざす戦いに出て行く。その時おのずから悲痛になるのが普通の俳優である。だが高倉健は、ドラマを乗り越え、別の世界へ行ってしまうのである。彼の魅力は、人はふだん言葉でがんじがらめになった世界に住んでいて、しかもなお、言葉を越える世界を求めているからである。(中略)自由に生きるとは、日々の抑圧と戦うことで、痛苦の心で人は、消耗を重ねる。その痛苦な心を一瞬取り除いて見せる慰めの魔術として高倉健の映像は、言葉を越える沈黙の世界で成立しているのである。

してマーケットの完成を見て去って行く。

『冬の華』

組のために裏切った兄貴分(池部)を、浜辺で戯れる幼い娘の前で刺殺した秀次(高倉)は、13年ぶりに出所して横浜に帰ってくる。秀次は、残された娘(池上)にブラジルの伯父と偽って面倒を見ていた。組のための殺しなのに、親分(藤田)や幹部は安眠をむさぼっており、秀次はやりきれない思いで組が手配したマンションで暮らす日々だった。

関西の組が横浜に進出、趣味のシャガールの絵の購入に誘い出された親分は殺された。

成長した洋子への思慕に罪の意識を重ね合わせた秀次は、音楽喫茶で手紙を書き、弟分(田中)には堅気になる意向を伝えていた。因縁をつけ

●作品鑑賞●

総評

やくざ映画という形式ではあるが、作品の印象は全く違う。

『昭和残侠伝』

時代は戦後だが、伝統的情緒が残っている下町を背景に、着流し姿が環境に調和し、やくざ社会という非日常性の閉鎖的な社会に限定することによって様式化され，夥しく作られたやくざ映画の中から生じた洗練された作品になっている。我慢を重ねたヒーローが、死を覚悟して乗り込み、そこに同行する客分との「道行き」（魅力は後述）は観客に陶酔感をもたらし、その後の殴り込みが「付けたし」になるほどである。高倉健は、思い入れたっぷりの表情で情の演技をする鶴田浩二に比較して、若さもあり、我慢の末の怒りは凄い迫力があって人気が爆発したのも頷ける。

『冬の華』

「足ながおじさん」を下じきにして、現代やくざを健さんファンの倉本聰が脚本を書いたこの異色の文芸やくざ映画は、ドロ臭いやくざ映画から脱皮を目指して詩情とロマンを織り込み、映像も音楽も従来と変え、洒落た感覚の作品に仕上がっている。冒頭から、『昭和残侠伝』ではコンビの池部良を高倉

てきた関西の下っ端やくざを叩きのめしてしまった秀次は、彼を慕う子分の気持ちを汲み、死んだ親分の息子（北大路）を守るために関西に通じていた幹部（小池）を刺す。刺してその場を立ち去ろうとした秀次に、冒頭の幼い洋子が浜辺で戯れるシーンが思い浮び，悔恨の苦々しい表情を浮かべるのだった。

健が殺すという場面を設定、ラストの悔恨の表情は、やくざ映画批判になっており、観客にはやくざ映画の持っていたカタルシスがなくなって受入れられなかった。健さんは結果としてやくざ映画にトドメを刺したことになったのである。私は一般映画として楽しめたが、特に技巧をこらした脚本の台詞が面白かった。例えば、冒頭と最後は裏切った二人の幹部が、全く同じ台詞で命乞いし、刺される場面が決まっており、やくざ映画批判になっているのである。

「そうするより仕方がないと思ったんだ」

「…………」

「何とか見逃しちゃあくれねえーか。お前とは長い付き合いじゃねーか」

「…………」

「がきがいるんだ。何とかならないか」

「…………」

健さんは無言で応じずに刺すが、その時、昔刺した時の浜辺で無心で遊ぶ女の子の笑い声が聞こえてきて、振り返って浮かべる苦渋の表情のアップでエンドマークとなる。

男同志の「道行き」シーンの魅力について

この映画の製作者俊藤浩滋は、無骨な高倉の相手役として『乾いた花』のニヒルなやくざを演じた池部良に目をつけ、再三固辞する池部を口説いて出演してもらった。そして『日本侠客伝』で受けた途中で死んでいく客分と主人公の同行シーンを脚本家に書かせた。

監督の佐伯清は「こんなアホなもん撮れるか」と拒否し、困った助監督の降旗康男（後年『駅』『冬の華』『あなたへ』を撮った）は、オープンセットの草原で正面からライトを当て、主題歌一節分をカメラが追って、まるで歌舞伎の舞台のように撮った。

スタッフもあまりの臭さに面映ゆかったが、観客には大受けで拍手が湧くという最高の見せ場になり、シリーズ全作品に採用された。

「義理に生きる男」の剛の高倉と「情に命を捨てる男」の柔の池部の息もピッタリ合い、二人の着流し姿が崩れた感じのない品格があったので、非日常世界で演ずる男の夢を現出して観客を熱狂させたのである。割腹自殺した三島由紀夫が自衛隊に乗り込む時、車の中でこのシーンのように「唐獅子牡丹」を歌いながら行ったという逸話も残した。

（山平重樹氏著「任侠映画が青春だった」徳間書店参照）

●池部良と高倉健のやりとり

池部良から高倉健へ「山脈をわたる風」の「牛蒡といわれた男」

池部良著（小学館文庫より）

映画俳優には、殊に主役の場合、二通りの在り方がある。一つは、役の人物を、データを集めて創造し、それを自分の肉体に植え付けて演技する自分自身とは全く別人格の人物を作って演技する俳優。二つには、役の人物の創造に頓着せず、自分の肉体の魅力を心得て駆使するか、自分の生活を役の人物に移して演ずる俳優。

観る人に感銘を与えればどちらでもいいが、健ちゃんは二つ目の分類に属する気がする。（中略）君が画面に現れるとき、君のものに対する純粋性、鍛えたバランスの良い体、あらゆることを真摯に受け止めているかに見える容貌は「ニッポンドリーム」を満たしてくれるに十分な俳優だ。こういう映画俳優は健ちゃんが最後の人なんじゃないかと思う。

得難い人だ。世間の表皮的なニーズに合わせることなく、二つ目の分類に「在る」俳優としていつまでも「存在」して欲しい。たっての頼みだが、もう少しでいいから「男の色気」を出し惜しみしないでくれないかな。「和事」のできる牛蒡なんて素敵だと思うよ。

高倉健から池部良へ志村三代子編「映画俳優池部良」（ワイズ出版より）
（前略）何本も競演させていただいたこと、光栄に思っております。いつぞや牛蒡のような俳優と自分にはもったいない言葉をいただきました。あれ以来、いい味の牛蒡になろうと悶えております。

私にはとても映画俳優同志の書簡とは思えぬ味わい深く、互いに相手を思いやり、尊敬する真摯なやりとりで感銘する。二人はもういない。

魅惑のワルツに酔わされる
ワイルダーの絶妙なロマンティック・コメディ

昼下がりの情事

1957 米国

●追憶●

高校の日本史の若い先生は、熱心ではあったが風貌や服装は地味だった。その先生が、きっかけは忘れたが、オードリーの話が出て、「彼女は最近の映画で可愛いだけでない女優であることが判った」と、やや照れながら言われたので、皆キョトンとした。口の悪い奴が「あんな妖精のような可愛いく、美しい女性を求めては、生身の女性は無理だな」と生意気なことを言ったので、翌日にその映画『昼下がりの情事』を見に行った。

最初の印象

「情事」というタイトルに抵抗はあったが、クーパーとオードリーという品

●作品紹介●

1．スタッフ

監督：ビリー・ワイルダー
脚本：ビリー・ワイルダー
　　I・A・Lダイアモンド
撮影：ウィリアム・メラー
音響：（編曲）ウィリアム・ワックスマン
出演：ゲイリー・クーパー
　　オードリー・ヘップバーン
　　モーリス・シュヴァリエ
　　ジョン・マックギヴァー
　　ヴァン・ドウド

の良い二人と父親で探偵のシュヴァリエの演技を自在に操るワイルダーのロマンティック・コメディにすっかり魅了されてしまった。アメリカの富豪で中年のプレイボーイが、パリの小娘に翻弄されるという単純な話なのに（まだ貧しかった日本では考えられない）、華やかなパリを舞台にした、夢のように贅沢なおとぎ話というのが私の印象だった。

ジプシー楽団の演奏する「魅惑のワルツ」等を背景に白い燕尾服、胸にカーネーションを挿した長身のクーパーと、髪型と衣装を変えながら演じる可愛くていじらしいオードリーとの機知にとんだ会話での駆け引きにウットリさせられたのである。

●再会してみて●

主役二人の役割を反転させていることがこの作品の背骨になっている。

クーパーは、経験豊かなプレイボーイなのに、若いプレイガールのように振る舞う、初なオードリーにためらいながら接し、次第に遊びでない本当の気持ちになってくる。

モノクロ・スタンダード130分
1957年キネマ旬報ベストテン第15位

2. 物語

花盛りのパリは恋の季節である。「婚姻関係その他」の調査専門の私立探偵クロード・シャヴァッス（シュヴァリエ）は、実業家X氏（マックギヴァー）からX夫人の行動を探る依頼を受けていた。その相手は、米国人の富豪で国際的プレイボーイとして名高いフランク・フラナガン（クーパー）で、シャヴァッスは、リッツ・ホテル14号室で逢引中の二人の写真を望遠カメラで撮り、チェロを習っている一人娘アリアーヌ（ヘップバーン）と住んでいる閑静な自宅（事務所も兼ねる）に朝帰っていった。

オードリーは、無邪気な小娘なのに、父親の調査を盗み見て、経験豊かな謎の過去を持つ女性に見せかけてクーパーを魅了する。この二人の様子が（実態を知っている）、観客に滑稽に感じさせる効果をあげているだけでなく、二人のためらいと背伸びした行動が、二人の間に優雅なバランスを生じさせている。キャスティングの妙もあるが、脚本と演出の手腕によるものである。

（グレン・ホップ著「ビリー・ワイルダー」「TASCHEN参照）

●完璧な贅沢さで観客に夢を与える

当時のプログラムによると全て本物を使用して撮影されたそうである。リッツ・ホテルでの給仕サービス、ロールスロイス、ジプシー楽団、食器等の小道具、オペラハウスの夜会に正装エキストラ893人参加、ピクニック・シーンのシャトーで組んだセットはシャトーの持ち主に寄贈し今も使用中、オードリーの14着の衣装はジバンシィで、撮影終了後はオードリーが全て買い取る等々で凄いとしか言いようがない。

●小道具の使い方のうまさ

胸に挿すカーネーション、セロのケースの扱い方、白いテンの毛皮のコート、金庫と鍵、隣室のワンちゃん、トランク・ケースの閉め方、探し物のスリッパと靴の扱い方……等。

彼は、娘に職業上の俗事は知らせないように注意していたが、彼女は、調査記録を盗み読みしていて、フラナガンに関心を持っていた。シャヴァッスの報告に逆上したX氏は、フラナガンを射殺するためホテルに向かう。隣室でやりとりを聞いていたアリアーヌは、凶行を阻止すべく、ホテルの隣室から14号室に入り込み、夫人と入れ替わる。飛び込んできたX氏は誤りに気付いて、平謝りで出て行く。フラナガンは助けてくれた小娘アリアーヌに一目ぼれ。アリアーヌは、父の調査記録を利用して、世慣れた女を気取り、翌日午後に会うことを約束する。

翌日ホテルでジプシー楽団の演奏や豪華な雰囲気に魅せられたアリアーヌは、強気を装っても、フラナガンがパリを去ると、彼の胸に挿し

●作品鑑賞●

総評

ワイルダーの才気を縦横に発揮したロマンティック・コメディの快作である。その話術と楽しい雰囲気に誰もが酔わされる映画である。

130分の長尺を、洒落た導入部から「魅惑のワルツ」が流れるラストまで、豪華な舞台での粋な会話、張り巡らされた伏線、小道具の使い方のうまさ等で楽しい気分に浸らせてくれて、日本では真似の出来ない名人芸の作品といえる。

特に気に入ったシーン

●X氏が乗り込むリッツ・ホテルの部屋のシーンはスリルと笑いと音楽が一体となって楽しめる。「この呼吸には、オードリーより先にこちらが酔わされてしまう」

（双葉十三郎）

●男女の話に興味を持つ娘を思いやる父と父を尊敬する娘の微笑ましい（羨ましい）会話。

娘「パパ、愛しているわ」

父「私はそれ以上だよ」

と2回言い交わす。

ていたカーネーションを大切に抱いていた。

数ヶ月後、学友のミシェル（ドウド）とオペラに行ったアリアーヌは、美女と一緒のフラナガンに再会、翌日の逢瀬の約束をした。翌日のホテルで、作り話で気を持たせるアリアーヌにフラナガンは参ってしまい、偶然出会ったX氏の忠告で、アリアーヌの調査をシャヴァッスに依頼する。シャヴァッスは調査の結果、相手が自分の娘と知り大慌てで、フラナガンには、あの娘は箱入り娘で、話は作り話であり、あの娘を愛しいと思ったらパリを離れろと忠告する。アリアーヌがホテルを訪ねると、フラナガンは荷造りを済ませていた。彼女が相変わらず世慣れた風を装えば、彼も、内幕を知ったことなど素知らぬ顔で対応する。駅では、

●クーパーがオードリーの男性経験の録音を聞き、悩んでジプシー楽団にも酒を飲ませるホテルの部屋での笑わされるシーン。
●前述の冒頭と最後の粋なナレーションと流れるような見事な描写。

俳優について

主役三人は、いずれも意表をついた配役だが、作品の質を高める見事な演技である。

クーパーは、年齢的にも苦しく、プレイボーイより真面目で誠実な人柄が似合う俳優だが、長身で白い燕尾服も似合い、彼の個性が役に品格を与えている。特にラストのシーンでは彼の誠実さが滲み出てジーンとさせられる。

オードリーは、可愛いだけでなく、小娘の雰囲気を残してプレイガールを装ったり、いじらしさを見せたりして確かな演技者であることを示している。でも私には、やはりおとぎ話の妖精の感じが出ていて嬉しかった。

シュヴァリエは、酸いも甘いもかみ分けた私立探偵だが、娘に注ぐ父親の暖かい愛情に溢れた味わい深い演技で作品を支えている。

二人とも別れの言葉もなく、彼が汽車に乗り込むと、彼女は彼の襟からカーネーションを抜き取る。動き出す汽車に、小走りで追ってくるアリアーヌに別れられなくなったフラナガンは、汽車の中へ彼女を抱き上げ、キスの雨を降らせた。

プラットフォームでは、満足気に微笑むシャヴァッスの姿があり、彼の「二人の事件は、カンヌ裁判所で判決が下った。両者は、NYで結婚という終身刑で服役している」というナレーションが入って、ジプシー楽団の「魅惑のワルツ」が高らかに演奏されるのだった。

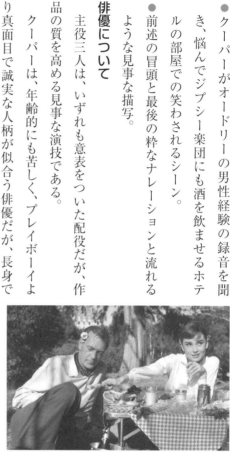

特筆するのはX氏に扮したマックギヴァーで、笑わせるだけでなく、何とも言えない惚けた味のある演技に感服した。

題名の影響について

本作品の現代は「LOVE IN THE AFTERNOON」である。「ＬＯＶＥ」を素直に訳せば「愛」または「恋」であるが、「情事」と訳して『昼下がりの情事』という題名で公開した。パリを舞台に、品のある俳優で演じる洗練されたロマンティック・コメディに「情事」という言葉が採用されたので、この言葉の持つやや後ろめたく薄汚れたイメージが払拭されてしまい、以後多くの作品の題名に採用された。

翌年のクーパーの主演作は『秘めたる情事』（58）となり、アラン・レネの問題作で原題が「ヒロシマ・わが愛」は『二十四時間の情事』（59）に変えられ、アントニオーニの愛の不条理を描いた作品も、ズバリ『情事』（60）という題名で公開された。

日本では、１９７１年に成人映画に活路を求めた大手の日活が、ロマンポルノという総称の路線でスタートし、その記念すべき第一作の題名を『団地妻・昼下がりの情事』として公開した。

本作が花の都パリの有名な「リッツ・ホテル」が舞台なのに対して、狭い「団地」が舞台というところが苦肉の策であることを窺わせる。この作品は、過激な描写でヒットしたので、日活は早速「情事」の前に「たそがれ」「さすらい」「真昼」等の題名を付け、更に翌年には『昼下がりの情事』シリーズをスタートさせて、一作目は『昼下がりの情事・裏窓』と名作の題名を二作も借用して公開した。

この状況には、本作の冒頭のナレーションで、「フランスは恋の都パリ、ロンドン、NY、東京と同じ大都市だが、愛情の交歓も、質はともかく、量は確実に他の都市より多い」と大都市東京にも敬意を表してくれたワイルダーも、地下で苦笑していることだろう。

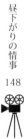

暗い戦時下での慎ましい青春の墓標

また逢う日まで

1950 日本

●追憶●

私がこの戦時下での哀しい青春映画の名作と言われていた作品を見たのは、社会人になってからで、銀座の並木座という名画座だった。ただ家に下宿していた大学生の叔父や、多くの人からこの作品に対する思い入れを聞いていた。

作品が公開された1950（昭和25）年は、まだ戦争のツメ跡が残っており、リアルタイムで見た人には、その切なさが実感として捉えられ、思い入れが強くなったのだと思う。見終わって私は、若い二人の行動に共感を覚えて粛然とした気持ちになった。勿論、戦時下では愛情表現など互いにストレートで出せない日本人の大多数の人々の心情と行動を純粋な形で描き、静かに戦争の悲惨さを訴えていることにもよるが、私自身の問題でもあった。私は、年齢的にも単純に物事の良否を判断して行動出来る時期は過ぎており、気持

●作品紹介●

1．スタッフ

監督：今井正

原作：ロマン・ローラン

「ピエールとリュイス」より

脚本：水木洋子、八住利雄

撮影：中尾駿一郎

音響：大木正夫

出演：岡田英次、久我美子、滝沢修

河野秋武、風間章子

杉村春子、芥川比呂志

モノクロ・スタンダード111分

1950年キネマ旬報ベストテン第1位

2．物語

第2次大戦末期の空襲が繰り返される東京での暗い青春の物語。

大学生田島三郎（岡田）は、厳格な

ちをストレートに出して積極的に行動している友人や職場の仲間と比較して、周囲を気にしてやや抑え気味な自分にもどかしさを感じていたからである。

戦後、戦争の悲惨さを訴えた映画、反戦を声高に叫んだ映画は量産され、学校からよく見に行った。今思うと、戦争の悲惨さや軍部の非情さを直接描いた作品より、間接的に静かに描いた作品(『おかあさん』『二十四の瞳』『ビルマの竪琴』)の方に惹かれていたような気がする。

この作品の主人公の大学生は、戦争には反対で戦地には行きたくないが、仲間の前では口に出来ず、恋人にも生死の判らぬ自分のため不幸になることを考慮して、欲望まで自制している。その二人の気持ちが有名な窓ガラス越しの接吻という場面で結集して広く共感を呼んだのだろう。

●再会してみて●
時代の雰囲気と俳優の演技を味わう

今回見直して、作品全体を覆う戦時下の暗い雰囲気と抑制された恋愛描写が印象的であった。きめ細かい脚本に支えられた抒情的描写、新劇中心の緊張感ある俳優の演技で完成度の高い作品となり、ベストテン選出者が全員

裁判官の父(滝沢)と昔は自由主義者だったが今は陸軍将校の次兄(河野)、戦死した長兄の嫁で過酷な家事に従事している義姉(風間)という家庭で、戦争に疑問を持ちながらも言えずに陰鬱な日々を送っていた。

ある日、空襲警報下の地下ホームで退避している時、偶然手が触れあった小野蛍子(久我)と知り合う。蛍子は若い画家で、雑誌に挿絵など描きながら母(杉村)と暮らしていた。

三郎は、大学の友人たち(芥川・他)と迫りくる死を背景とした戦争について悩んでいる気持ちを語り合う場でも、発言せずに皆の話を聞くだけで、次兄に「英霊に申し訳ないと思わないか」と言われても、反論も出来なかった。互いに戦争を疑問視している二人は、すぐに心が通じ合っ

100点を与えたのも頷ける。岡田英次の消極的な暗い演技もいいが、久我美子のやや鼻にかかった声とその清潔な美しさは際立っていた。

　彼女が長い間、戦争を身近に感じた世代のアイドルだったことも判る。脚本は、人物の目配りも効いており、死んでいく軍人の次兄や悩んでいる大学の友人との会話、戦死した夫の家庭でこき使われて暮らす兄嫁（最後は義父を支えるが）の儚い感じ、杉村春子の演じた蛍子の母親の娘に対する気遣いが特に印象に残った。

反戦映画の中での新しさと弱さ

　戦後直ぐに公開された黒澤明監督の『わが青春に悔いなし』（46）では、主人公の夫婦は、暗い時代の中で個人としての思想を貫く強い人物として描かれている。また、五所平之助監督の『今ひとたびの』（47）では、苦労した二人は最後で結ばれるという結末だった。

　この映画の消極的な主人公と自立した女性との悲劇を通じて、静かに抒情的に描いて反戦を訴えるというのは極めてユニークである。その消極さが作品の良さであり、新しさでもあった。ただ、弱者や貧者こそ善という描き方は、人物描写の彫が浅くなり、時代が変わると説得力が弱くなり、時代の進行と共に今井正監督の評価が下がる原因にもなっている。


て逢瀬を重ねた。三郎は、蛍子に自分の肖像画を頼み、雪の日蛍子の家を訪れて、描いてもらった後に「自分の力ではどうしょうもない。でも短い時間だけでも楽しもう」と言って互いの思いを語り合った。三郎は、雪の中を帰る時に窓際で見送る蛍子を見て気持ちを抑えられずに戻り、ガラス越しに接吻を交わした。次兄は、夜の危険な任務で事故に会い、三郎に後を頼むと、「昔、釣りに行った頃は良かったな…」と言いながら死んでいった。

　三郎は、出征直前に蛍子の家で、「自分は生きて帰るから待っていてくれ」と頼み、二人は一緒になった後の見果てぬ夢を語り合った。激しく抱き合った二人は、互いに納得して結ばれる直前に、三郎は（死の可能性がある自分と結ばれて蛍子を不

●作品鑑賞●

総評

この作品は、戦時下の暗い時代を必死に生きた恋人たちの青春物語として、また戦争中消極的に生きた人々の悲劇を通しての反戦映画として、切実だが甘美な恋愛映画の名作として定着し、当時最も説得力があった作品である。

評論家の佐藤忠雄さんは、「戦争は嫌でも、嫌とは言えないという当時の日本人の心情を描出した点が新しく、愛においても、自分を抑えることしか出来ないという形で描いたことも共感を得た理由」と述べている。

私が今見ても、戦争の罪や戦前の過酷な生活を、急に戦後の価値観で攻撃する多くの作品の中で、この消極的に生きるしかなかった若者（特にインテリ）の無念さやもどかしさを静かに、そして抒情的に描いた点の新しさと全体を覆う暗いムードは古さを失っていない。後年「反戦メロドラマ」と攻撃されたが、普遍的テーマを持つ古典的名作である。

「暗いムード」について

反戦を表に出した作品は、その主張が直線的なので、激しさは暗さには繋がらない。

作品の暗さは、場面の設定を庶民の生活に密着した脚本（特に水木洋子）の

幸にしたくないと）ためらう。そして、その気持ちを告げ、翌日の逢瀬を約束して別れていった。

約束の最後の逢瀬の日、蛍子は結ばれる決意を秘めて新しい下着を付け、胸に白い花を挿して出て行く時、気付いた母は、「行っておあげなさい」と言って送り出してくれた。

三郎は、兄嫁の急病で外出出来ず、駅で待つ蛍子は爆撃で死んでいき、それを知らぬ三郎も思いを残して戦場へ運ばれて行った。

昭和20年秋、戦争は終わり、蛍子の描いた三郎の肖像画の前で、三郎の手記を涙ながらに読む蛍子の母と、三人の息子を失い悄然として嫁に支えられる老いた三郎の老父の姿があった。

そしてその肖像画だけが、結ばれなかった戦時下での暗い青春の美し

力が大きい。
冒頭から傷病兵の描写があり、続いて三郎の独白、空襲下での出会い、三郎の家庭の重苦しい設定等で全体の暗いムードが描出される。演技陣も、久我美子を除けば、殆どが暗い演技が得意な新劇の俳優で占められ、学生も含め痩せている人を選んでいるのも暗さの統一に寄与している。季節は冬で、二人が会う冬枯れの公園（冬の日だまりが効果的）、有名な接吻場面での雪、二人が最後に過ごす時は雨、蛍子が最後の逢瀬に行く朝の冬の白い花と自然も巧みに取り入れている。

60年代になっての批判と現代の眼での私の評価

60年代に安保を背景に大島渚を筆頭とした日本のヌーベルヴァーグと言われた世代が登場し、時代背景を色濃く出したこの作品は、時代の流れの中で批判され、評価を下げた。

大島渚の批判（「体験的映画論」）

あまりにも破壊された青春の悲しみに満ちた抗議は際立っていたが、戦争は天から降ってきた災害のように描かれ、具体的な組織と人間悪としては提示されなかった。したがって、それに対して人間的尊厳をかけて戦い耐える道もまた提示されなかった。

さを伝えているのだった。

「**流動**」79年2月号

「映画――戦後的なものをめぐって」

観客は二人の死に涙したが、二人の死を「心中」としかみなかったからだ。あのガラス戸越しの接吻は、道行きである。道行きをではなく抵抗を、美しい死ではなく泥まみれの生をこそ、若い二人に指し示すべきであった。「反戦映画的メロドラマ」と言われるゆえんである。

私の評価

時代の変化で評価が変わるのは仕方がないが、その中で普遍的なもの、即ち若い二人の必死で生きる態度の美しさと切なさは、今でも充分に伝わってくる。力のない庶民に個人としての力のある人のように行動せよと批判するのは、何か上からの目線で抵抗がある。連絡が出来ずに会えない悲劇は起こるが、今は携帯電話もある。通信手段の進歩で驚いたのは、最近見たイーストウッド監督の『アメリカン・スナイパー』で、銃を構えた戦場での緊迫した場で、本国の妻に携帯で話をしている場面である。恋愛も戦争も、今の時代に描くのは、また別の工夫がいることを痛感した。

今井正監督について

左翼（共産主義者）を代表する映画作家で、弱い者、貧しい者への同情を美しく描いた。

　イデオロギーを尖鋭に出さず、柔軟な情緒的描写による社会的正義を訴えて幅広い支持を得、評論家も高い評価を与えた。ベストワンは5回（『にごりえ』『また逢う日まで』『真昼の暗黒』『米』『キクとイサム』）と最多で、『武士道残酷物語』（63）でベルリン映画祭グランプリを獲得している。これだけ実力と名声がありながら現在の評価が低いのは何故だろうか（２０００年のキネマ旬報日本映画監督ベストテンでは37位、09年のキネマ旬報「映画遺産２００」では１０１位『真昼の暗黒』、１９３位『また逢う日まで』の2本のみ）。私には、彼の作品が時代の流れを色濃く反映させているだけでなく、抑圧された庶民と非道な社会という対立の単純な図式は、60年代以降の複雑化した社会では、個人の信念に拘る黒澤明監督の人間の描き方に比較して弱くなって評価が下がり、思い出の映画作家になってしまった気がするのである。日本では評価されたフランスのジュリアン・デュヴィヴィエ監督も、今は本国では通俗的な職人監督という低評価で、「東洋の某国で異例に評価されていた」と皮肉られており、時代の変化の残酷さを感じる。

サスペンスとロマンティシズムのブレンド
目くるめく映像

めまい

1958 米国

●追憶●

私は中学時代から探偵小説（清張登場で推理小説という言葉も生まれた）が好きで、専門誌の「宝石」も読んでいた。最初に見たヒッチコックの映画は、『ダイヤルMを廻せ』（54）で、続いて『裏窓』（54）も見て、小説とは違う映像で語る不安感の醸成や謎解きの鮮やかさ、グレース・ケリーの美しさに感心していた。その後、『めまい』（58）『北北西に進路を取れ』（59）『サイコ』（60）と見て、どれも工夫をこらしたミステリーとしての面白さを味わった。ただ『めまい』だけは、映像の不思議な面白さと途中でネタを割ってしまい、犯人捜しという探偵物の本道とは違うのに、見る側が犯罪の真相を分かっているので、主人公がいつ真相に気が付くかという緊張感を生み出し、それが別の味わいになっていた。

●作品紹介●

1．スタッフ
監督：アルフレッド・ヒッチコック
原作：ピエール・ボアロー
　トーマー・ナルスジャック
脚本：アレック・コッペル
　サミュエル・テイラー
撮影：ロバート・バークス
音響：ベルナルド・ハーマン
出演：ジェームス・スチュアート
　キム・ノヴァク
　バーバラ・ベル・ゲデス
　ヘルモア

大学で評論家の津村秀夫さんの映画講座を受講したが、津村さんはこの作品について「色彩は非常に深いニュアンスを蔵すると同時に、犯罪を根底にしながら，怖るべき魅力に富んでいる。芸術作品として評価したいのは、『めまい』が形成する渾然たる世界がここに生きているからである」（「世界の映画作家と作風」頸草書房）と高く評価されていたので、再度名画座で見た。最初見た時は、変わったミステリーとしての面白さの印象だったが、ヒッチコックは別の狙いや仕掛けをしていることが分かった。それは作品自体がサスペンス・ミステリーではあるが、夢のように美しい風景とキム・ノヴァクの妖しい美しさが生み出すロマンチシズムで覆いながら、めまいという幻想の世界の中で成立していたのである。例えば、タイトルのシュールな「渦巻き」でスタートして観客にもめまいを共有させ、渦を巻いたブロンドの髪、森の樹の年輪、鐘楼の螺旋階段、衝撃後の悪夢と次々と主人公の中での意識のめまいを鮮烈なカラーで描き出しているのである。しかし私には、同一人物なのに、死んだ方を愛して、生きている方は愛されない衝撃で死んでいくというラストにはまだ判らない隠された意味がある

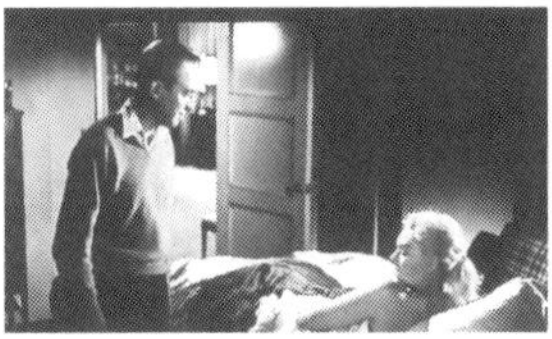

カラー・スタンダード　127分
1958年キネマ旬報ベストテン第16位

2. 物語

ジョン・スコティ（スチュアート）は、サンフランシスコの刑事だったが、高所恐怖症という習癖があり、その習癖のために同僚を死なせてしまい警察を辞めた。スコティには、ミッジ（ベル・ゲデス）という商業画家の恋人があり、彼を慰めてくれていたが、この習癖はめまいという同じショックがない限り治らないと言われていた。

ある日、昔の友人で資産家のケビン・エルスター（ヘルモア）が訪ねて来て、時々放心状態になる妻のマデリン（ノヴァク）を、気付かれない

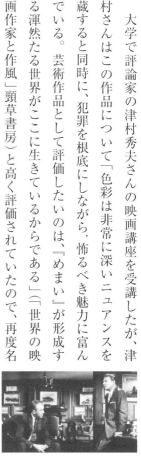

気がしていた。

●再会してみて●

今回見直して見て感じたのは、この作品は、ヒッチコックの作品の中では別格で、彼の名人芸ともいえる技巧と華麗な映像に高所恐怖症を利用したトリックや男女間の心理的葛藤などが渾然一対化していて、注意して見れば見るほど奥深い味わいがある円塾期の傑作であると思った。めまいを象徴する「渦巻き」だけでなく、色彩の使い方にも細心の注意がはらわれている（緑色の目立つ車、次々変わる服装、髪の色、めまいの起こる背景の色の変化等）。

途中で種明かしをしてもドラマの緊張感は持続し、ラストの詰問で衝撃を受けた女性が死んでいくのは言葉による殺人という解釈もでき、絡み合う愛と死のサイクルは繰り返して、私の印象も症状としてのめまいと恋のめまいが重なりで混沌としてしまったのである。

ように尾行してくれと頼まれた。彼は、頼みを引き受けて尾行を始めた。ブロンド（金髪）で美しいマデリンは、毎日緑色の車で出かけ、花屋に寄り、ドロレス墓地のある墓の前にたたずみ、美術館では女性の肖像画の前に長く座っており、古びたホテルに消えた。墓銘は、１８５７年に没したカーロッタ・バルデスで、肖像画も「カーロッタ像」であることが分かり、絵の髪型と彼女の髪型も似ていた。また、古びたホテルも昔はカーロッタの家だった。夫のエルスターに報告すると、カーロッタはマデリンの曾祖母だが、彼女はそのことを知らず、車の行先も覚えていないということだった。ミッジとカーロッタを調べると、彼女は、大事業家との間で生まれた娘を取り上げられ、捨てられて自殺したのだっ

●作品鑑賞●

総評

高所恐怖症のめまいと渦巻のような恋のめまいが重なり、独自の幻想的な世界を生み出し、ヒッチコックの作品の中で独自の位置にある作品である。彼が意図したかは別に、エンターテイメントを越えた人間心理の奥底に潜む意識を、映像という手段で伝え、娯楽から芸術の域にまで高めた作品として、時代とともに評価が高まっている。公開時のベストテンでは第16位だったが、２００９年のオールタイム・ベスト２００（キネマ旬報社）では、『天井桟敷の人々』（45）『道』（54）『アラビアのロレンス』（62）と共に第10位に選ばれている。津村さんが公開時に芸術性を認めたのは流石だと思っている。

色彩を駆使しためまいの描き方

前述の渦巻きだけでなく、マデリンが死んだ後にスコティが見る悪夢は、フラッシュして変わるカラーを背景に、花束から、事件の真相を伝えるルビーの首飾り、墓や彼が追われる円錐形の渦巻き等は速いテンポと音とも合って鮮烈な美しさである。更に、病院から出た彼が、目に留まる女性はマデリン

た。尾行を続けたある日、マデリンはゴールデン・ゲイト公園に向かい、無心に海を見ていたが、あっという間に海に身を投げた。スコティは、救い上げて自分のアパートへ連れて行き休ませた。やがてスコティは、美しいマデリンを愛するようになり、マデリンが夢の中で見たというスペイン風の伝道教会へ連れて行った。教会に着くとマデリンは、スコティを振り切って塔に上り始めたので、あわてて後を追ったが、スコティはめまいがして螺旋階段を上までは登れなかった。

突然叫び声とともに眼の前でマデリンの身体が地上に落ちていった。

スコティの証言もあり、マデリンの死は、神経錯乱による自殺と断定された。失意のエルスターは町を去って行った。しかし、スコティはそのと錯覚するという幻想が続いている場面までは魔術のような映像である。

俳優について

主役のスチュアートは、4本目(『ロープ』『裏窓』『知りすぎた男』)で、スマートさ、誠実さを持ちながら高所恐怖症による幻覚が発生するという難しい役を、表情の変化で巧みに表現している。キム・ノヴァクは、演技派とは言われていなかったが、ヒッチコックの指導で2役を見事にこなしている。前半のマデリンの妖しい美しさは際立っているが、後半の髪型や服装、化粧を変えたジュディの垢抜けない演技も良く、マデリンに金髪と服装で変身した時は、スコティも観客もその美しさに驚かされる。主役二人の雰囲気がこの華麗な作品を支えている。尚、ケイリー・グランドも4本(『断崖』『汚名』『泥棒成金』『北北西に進路を取れ』)主役で出ている。

評論家の筈見有弘さんは、「前の二人とは雰囲気が違うヘンリー・フォンダが主役の『間違えられた男』(57)は、題材はヒッチコック的なのに異なった感触の作品となり、ヒッチコックは題材をゲーム的にあつかうのはうまいが、リアリズムで問題を追い詰めるのは苦手のようだ」と言われている(「ヒッチ

時の衝撃で入院し、悪夢に悩まされた。

そして彼は、マデリンの死を現実と思えず、市内を彼女の姿を捜し求めて彷徨っていた。

ある日、マデリンにそっくりな女ジュディ(ノヴァク)に会った。髪はブルネット(栗色)で、体形も服装も違い化粧も濃かったし、彼女はマデリンなど知らないと言った。スコティは、ジュディに関心を持ち、マデリンに似た化粧と服装をさせたが彼女は嫌がった。それはジュディこそ、妻を殺すためスコティの高所恐怖症を利用したエルスターに使われ、マデリンになりすませた女だった。ただそのジュディも、次第にスコティを愛するようになっていたので逃げずに彼に従ったのだった。服装だけでなく髪型も金髪にさせると

コック」講談社文庫)。面白い見方だが、それがヒッチコック・ワールドの魅せられる世界なのだと思っている。

ヒッチコック映画のスタイルについて

ヒッチコックは、「映画というものは、退屈な部分をカットされた人生だ」と述べ、サスペンスを主体としたエンターテイメントを意図した様々な作品を提供して観客を楽しませてくれた。その多彩な作品のストーリー、語り口、映像手法には映画作家として固有のスタイルがある。

●犯人は誰かという本格物と言われる探偵映画には興味はない『めまい』もそうだが、途中で犯人や推理のネタ割れさせる作品も多く、その後の登場人物の行動について観客と楽しむことによるサスペンスを味あわせてくれる。主人公が探偵なのでなく、一般の人で、間違いや偶然から生じる恐怖に巻き込まれる場合が多い。

●身体的欠陥(高所恐怖症、幼児体験からくる精神異常、怪我で動けない)を取り入れて映像の力で巧みにこのハンデを生かす。また、追跡や逃亡の際に高層ビルや塔や崖や谷を背景にして転落の恐怖を描きスリルを盛り上げる。

スコティには、マデリンが現れたようだったが、ジュディが胸につけているマデリンの首飾りを見て、彼女をあの教会の塔に連れて行った。今度はめまいを克服して塔の屋上まで登り、彼女に詰問して全てが明らかになった。ジュディはスコティへの愛を告げたが、愛したのはマデリンだと言われ、絶望した衝撃で塔から足を滑らして落下して行った。残されてしまったスコティは、高所恐怖症は克服したが、(今度は恋のめまいで)夢と現実の狭間で苦悩の表情を浮かべ塔の下を見下ろすのだった。

●金髪美人が好き。クールなブロンド(金髪)美人が好きで、「(クールな人がストーリーの途中で性的魅力を発見することの方がずっと面白いと思う」と述べ、知的で品もあるクールなグレース・ケリーが理想の女性だった(『ダイヤルMを廻せ』『裏窓』『泥棒成金』)。エヴァ・マリー・セント(『北北西に進路を取れ』)。ディッピ・ヘドレン(『鳥』『マーニー』)も使い、ノヴァクも金髪で、この髪に重要な意味を持たせている。モノクロ時代から金髪の方が映像を引き立てると言われ、カラーでは特にその美しさが強調されている。

●小道具を多く採用し、その扱い方が巧みである。ライター、ブローチ、ナイフ、メガネ、電話、等が上手く使われている。

●自分が1場面だけ登場する。通行人などで登場するが、ユーモア精神の現れで、彼の特徴ある体型は観客に別の楽しみを与えてくれる。

●スタイルを持ちながら、異なった楽しみ方のできる作品を生み出す偉大さ。通常は、一つのスタイルを固持していくにはシリーズ化(例『男はつらいよ』『スター・ウォーズ』)するのが最適である。ストーリーと映像を工夫し、また新たな実験もして、それぞれ異なった作品を生み出したところが、映像の天才としてのヒッチコックの偉大さを物語っている。

石原裕次郎映画の魅力について

狂った果実
乳母車
嵐を呼ぶ男
陽のあたる坂道

1956日本
1956日本
1957日本
1958日本

●追憶●

裕次郎ファンの私が、裕次郎映画について語るのは辛いものがある。一つは、彼の登場した時代について語る必要があること。二つ目は、（私も含めて）私の兄弟に触れること。三つ目は、彼が亡くなって20年以上が経過しており、過ぎ去った時代の変化の中での彼の評価やその役割を私の今の目で語るのは、何か「後出しジャンケン」のような気がするからである。彼の遺した作品は多彩なので、作品論より俳優論になるのをご勘弁願いたい。

●作品紹介●

1．スタッフ

『狂った果実』

監督：中平康
原作：石原慎太郎
脚本：石原慎太郎
撮影：峰重義
音響：佐藤勝
出演：石原裕次郎、北原三枝
津川雅彦、岡田真澄

モノクロ・スタンダード86分
1956年

1956（昭和31）年、石原慎太郎が「太陽の季節」で芥川賞を受賞して、新しい時代の旗手として華々しく登場してきた。この作品は、一般誌「文藝春秋」に掲載されたので、中学2年の私も仲間も刺激的意味での興味をもって読んだ。湘南の海での若者の欲望に任せた行動は、身近な世界でなかったので良く判らなかったが、文体の新鮮さと何かを求めての反抗的苛立ちには共感を覚えた気がする。この作品は、すぐに映画化されたが、成人向きで見られず、次の慎太郎の弟裕次郎が主演し、若い人の間で評判になった『狂った果実』も当然成人向きで見ることはできなかった。日活は、この一連の映画が旧世代のウルサ型から太陽族映画と批判されたので、制作を中止してしまった。このため私が最初に見た裕次郎映画は、彼が最も気に入った作品という田坂具隆監督の『乳母車』である。この作品は、作品の良さと主演の芦川いづみの可愛さの方が印象は強いが、長身でヌーっと登場してきた裕次郎はやはり新鮮だった。特に愛人をしている姉の赤子を乳母車に乗せて寺に行き、寝ている間に赤子の父親の娘の芦川いづみに車を持っていかれ、慌てて起きて腰に手拭を下げて裸足で必死に捜す自然な演技が印象的だった。

その後、弟と海洋アクションの『鷲と鷹』を見た。私より感性の鋭い弟（グラフィクデザイナーになった）は、他の俳優にない自然な演技と動きの速さ

『乳母車』

監督：田坂具隆
原作：石坂洋次郎
脚本：沢村登
撮影：伊佐山三郎
音響：八木多木之助
出演：芦川いづみ、石原裕次郎
新珠三千代、宇野重吉
山根寿子

モノクロ・スタンダード110分
1956年

に気付き、ウクレレの歌のうまさにも惹かれて以後かなり熱烈なファンになった。私は足から登場してくる主役というのにまず驚き、相手役の三国連太郎を圧倒する動きの速さと何か引き付けられる演技に魅了された。この作品以後東映チャンバラは卒業して裕次郎映画を見続けるようになった。北原三枝とのポスターが評判になった『俺は待ってるぜ』の日本からの脱出願望を持った青年の心情と港のムードに溶け込む演技にも感心した。翌年の正月、やはり弟と二番館で、爆発的ヒットとなった『嵐を呼ぶ男』を見たが、有名なドラム合戦で唄う場面では、何故かゾクゾクさせられ、観客の熱狂に巻き込まれた。今思えば、裕次郎映画は兄弟物が多かったのも身近に感じた理由でもあったのだと思う。

そして裕次郎の内面的魅力を引き出し、朝日新聞で「輝く裕次郎の個性」と書かれて驚いた『陽のあたる坂道』を母と見て（母は妾腹の裕次郎が正月に実母を訪ね、皆と民謡を踊る喝采をあびた楽しい場面で泣いていたが）行動的だが、「母親」を「ママ」と呼んでも可笑しくないという新しいスターの誕生を痛感した。体育会系で剣道も二段の兄（水泳を主体とした高齢者のリハビリ会社を経営、三年前に他界した）は、不良ぽい裕次郎が嫌いで、「あんな腰高では喧嘩はうまいが殺陣は駄目だ」と言っていた。この指摘は鋭くて、後年見

『嵐を呼ぶ男』

監督：井上梅次
脚本：井上梅次、西島大
撮影：岩佐一泉
音響：大森盛太郎
出演：石原裕次郎、北原三枝
芦川いづみ、白木マリ
青山恭二、笈田敏夫
金子信雄

カラー・ワイド100分
1957年

た『城取り』(65)では素人の私が見ても下手だった。

●再会してみて●

初期の裕次郎映画は、裕次郎の外面(親しみ易い容貌と脚の長いしなやかな体型、声の良さや動きの速さ等)、いわば素材としての面を生かしたアクション物と内面(若者らしい反抗性は持ってはいるが、節度をもった行動をする繊細な神経を持つ好青年)を生かしたホームドラマ的映画に分かれたが、興行的要請から前者に集中した。特に後者の魅力を引き出した田坂具隆監督が日活を離れてからは、先生やサラリーマン物が多くなり、彼の内面の魅力を活かす映画はなくなった。また後年は、両者を融合して歌も交えたムード歌謡映画で根強い人気を保ち、『赤いハンカチ』(64)などの佳作も生んだが、大きな話題にはならなかった。

裕次郎の衝撃

58年の正月興行で、『嵐を呼ぶ男』が東映のオールスター映画『任侠清水港』を破り、以後次々とヒット作を生み出すとともに、『陽のあたる坂道』で太陽族ではない好青年を素の演技で演じ、旧世代も味方にして一躍国民的スターになった裕次郎を評論家も無視できず、専門誌キネマ旬報も1958年9月

『陽のあたる坂道』

監督：田坂具隆
原作：石坂洋次郎
脚本：田坂具隆、池田一朗
撮影：伊佐山三郎
音響：佐藤勝
出演：石原裕次郎、北原三枝
芦川いづみ、川地民夫
轟夕起子、小高雄二

モノクロ・スタンダード191分
1958年キネマ旬報ベストテン
第11位

下旬号で「石原裕次郎と日本映画」という10頁の特集を組んだ。

殆どの評論家は彼の特異な個性と訓練されていない素の演技を認め、「彼は摸倣を許さぬ持ち味があり、演技でも自然の動きの中に細かい感情表現を出せる能力を生まれながらに備えているかのように感じられる」（飯田心美）と言っている。

私が驚いたのは、志賀直哉や谷崎潤一郎等の文化人、池田勇人や中曽根康弘等の政治家まで幅広く彼のファンになっていたことである。別の面では、白塗りの美男子という2枚目の定義を変え、若い人は、「タフガイ」「イカス」等の新語をまで流行らせ、親しみやすい兄貴のような憧れの対象となっていたのである。

そんな狂騒の中で裕次郎が「石原裕次郎には、ジャーナリズムにでっちあげられた日活商品のタフガイという虚像と、人並みの平凡な実像の石原裕次郎の二人が同居している。そして私は後者の裕次郎君を愛している」（「裕次郎のつづり方」サンデー毎日）と呟いている。ここに裕次郎の他にない魅力が潜んでいると思う。

興業面の凄さでは目を見張るものがある。1958年～1962年の5年間の興業収入のベストテンの3～4本は裕次郎映画が占めている。1958

2. 物語

『狂った果実』

湘南の海岸を舞台に、純真な弟（津川）が想いを寄せる魅惑的女性（北原）を遊び慣れた兄（石原）とで張り合い、破滅的なドラマが展開する。二人がヨットで遊びに出たことを知り、怒った弟はヨットにモーターボートをぶつけて二人を破滅させる。そしてそこにはヨットの周りを旋回するボートの白い波が真夏の海上に漂うだけだった。

『乳母車』

父親（宇野）に愛人（新珠）がいることを知った娘（芦川）がその愛人の元を訪ねると、そこには女の赤ん坊と愛人の弟（石原）が居た。若い二人は、大人達の非を指摘するとともに、過

年は、映画観客動員数は現在の6倍近い11億人と最高を記録、裕次郎はこの動員に大きく貢献している（2位『陽のあたる坂道』3位『紅の翼』4位『明日は明日の風が吹く』7位『風速40米』）。また、独立プロで制作した『黒部の太陽』（68）、『栄光の５０００キロ』（69）も大ヒットした。

『狂った果実』（56）の斬新性

この作品を見たのは大学時代だが、その斬新性に驚くとともに改めて裕次郎の自然体の演技に感心した。戦後、新しい時代になったはずなのに、政治も文化も従来の制度やモラルに縛られている若い世代の、目的は明確ではないが、反抗して何かを生み出そうという気持ちを、彼は映像を通して初めて演技で示した。その後登場する大島渚、増村保造等の新鋭監督は皆この作品に衝撃を受けた。

大島渚は、「兄を突き殺すモーターボートの唸りの中に、敏感な人々は、日本映画の新時代を告げる海つばめの歌を聞いた」と絶賛している。

（「流動」79年2月号「モダニズムの系譜」）

失をおかした親達の境遇を理解し、不幸な妾腹の子を暗い日陰の身にしないように骨を折る。そして、若い二人が両親の代わりになって赤ちゃんコンクールに応募し、入賞して商品の乳母車を獲得する。大人達とは異なった若い世代の柔軟な人生の感じ方と素直な行動が感動を呼び、ホームドラマの域を超えた作品。

『嵐を呼ぶ男』

銀座の暴れん坊だった兄（石原）は、弟（青山）と女流マネージャー（北原）の後押しでドラマーとして頭角を現し、遂にライバル（笈田）とのドラム合戦にまでなる。しかしその前日に、マネージャーを巡るトラブルで右手を負傷する。当日、ドラムが叩けなくなると、マイクを持って唄い出して喝采を浴びる。そして弟の

●作品鑑賞●

総評

『狂った果実』

慎太郎の脚本、裕次郎の主演で新しい感覚の映画の誕生を目指し、水の江瀧子プロデューサーは、映像感覚のモダニスト（近代派）で才人の中平康を監督に指名した。中平はその期待に応え、夏の海に躍動する若者の行動を、観念的でなく、裕次郎がリードする自然体の演技に任せて斬新な映像で描いた。この作品は、日本だけでなくフランスのヌーヴェル・ヴァーグにも影響を与えたと言われている。

『乳母車』

節度を持った若者という裕次郎の資質を見抜いた田坂具隆監督の佳作。大人達の過失を正しながら、妾腹の子の不幸な立場を救い出そうとする若い二人の心配りが爽やかな感動を呼ぶ。若い二人が恋愛感情を持つなどという陳腐な描写もないのもいい。全員好演。

『嵐を呼ぶ男』

母と子、兄と弟との関係というホームドラマにメロドラマの要素も加えた話だが、裕次郎が、恋に歌に喧嘩にとスピーディな動きで大活躍、その魅力演奏会の成功を酒場で一人聞くのだった。まさに嵐を呼んだ大ヒット作で裕次郎ブームの発端となった作品である。

『陽のあたる坂道』

山の手の上流家庭で育った妾腹の子で次男の信次（石原）は、絵を描くが奔放な青年である、彼は、妹（芦川）の家庭教師（北原）と同じアパートに住む実母と義弟（川地）を訪ねるが、ロカビリー歌手の義弟は、裕福な兄に反感を持ち兄と認めようとはしない。医者の長兄（小高）は、信次にいつもトラブルの責任を押し付け、家庭教師にも接近するが、継母（轟）は実の子の長兄の嘘を見抜き、信次と本音で話し合う。やがて義弟も信次を兄と認め、長兄より信次の良さに惹かれた家庭教師は、信次を愛する

が大ヒットの主因である。特にドラム合戦で、傷を負った裕次郎が唄い出すシーンの熱狂は「日本映画のクライマックス」と後には言われるほどだった。

『陽のあたる坂道』

石坂洋次郎が、『エデンの東』をヒントに裕次郎を前提に書かれた原作で、田坂監督が裕次郎だけでなく若い俳優も上手く使った爽やかな青春映画の3時間を超す大作。裕次郎の個性が最大限に引き出され、太陽族という無頼のイメージは払しょくされて、彼を幅広い支持層を持つ国民的スターに押し上げた。

時代を象徴するスター

昭和20年代は三船敏郎、30年代は石原裕次郎、40年代は高倉健が時代を象徴する男性スターと言われている。三人に共通する点は、体型も容貌も男らしくて動きが速い、ややシャイでラヴシーンが苦手、女性より男性のファンが多くて人気の息が長い等である。

しかし、裕次郎は他の二人と異なった点が多い。まず彼はニューフェース出身で、一応は俳優としての訓練を受けた二人と違い、素人でいきなりスターになったので演技の質が全く違うし、低音だが声も良く歌もうまく、ファッションのセンスも良いのでデビュー時のインパクトは比較にならないほど強

ことに気付く。親しくなった妹と義弟は朝の坂道を登っていくのだった。裕次郎の個性が光り、万人に支持された3時間を超す青春映画の大作。年間の興行成績第2位（1位は大映の『忠臣蔵』）。

烈である。憧れより身近な存在で、時代の先端をいく若者のイメージは、まさに時代のスターに相応しい。

残念なのは、優れた監督の下で、彼の類い稀な資質を引き出した作品があまりないことである。彼もこの傾向に飽き足らず、石原プロを起こし、市川崑監督で『太平洋ひとりぼっち』を制作、芸術祭賞を受賞、その後も、仕事に打ち込む男を主人公にして大ヒットした大作も出したが、彼の資質より素材としての魅力が印象に残っている（裕次郎主演映画でベストテンには『太平洋ひとりぼっち』と『黒部の太陽』が共に4位の2本のみ）。その後はテレビに進出、「太陽にほえろ！」でボス役に出ている。酒と若い頃の無理もあり闘病を繰り返し、52歳の若さで逝った。

裕次郎の遺したもの
俳優として

訓練された職業的演技でなく、スムーズに動くアクションと自然の動きの中に感情表現も出せる新しいスターで、スマートな頼もしい二枚目である。私が今思うと、従来の映画の主人公は憧れの人で、スターと観客の間に近寄りがたいものがあったが、彼の映画は若い観客の心の中にそのまま入ってくるという一体感があったことが一番新鮮な気がする。

だから、素材としての彼を活かした監督が井上梅次、内面を生かした監督が田坂具隆という定説は納得できる。私の選んだ彼の作品のベスト・ファイブは、前述の4本と日本初のカーレースもの『栄光の5000キロ』である。

人間性について

外見はタフなスポーツマンだが、すれていない純粋な点と細かい神経の持ち主という一見相反するところが彼の人間的魅力で、同時代を生きた感覚を持たせるところが幅広いファンを獲得した理由である。彼が中年になり、年相応に肥満になっても彼のファンは受け入れて、その支持は変わらず（評論家は批判するが）、そして死後も、繰り返される法要に多くの人が参列している。まさに記憶に残るスターである。

カラオケで偲ばれる人気

彼の低音の声とジャズやポップスでない演歌的な歌は唄い易く歌詞も良くて今も夜ごと酒場やクラブで唄われており、特にデュエットでの「銀座の恋の物語」は人気が高い。

絵皿

繊細な彼は絵も字も上手い。私は、上山温泉の裕次郎が愛した宿「古窯」を二度訪れている。

そこには有名人の描いた夥しい絵皿が展示されおり、裕次郎も女性の横顔と達筆で書いた「風行草堰」という書を残している。この書は彼の座右銘で「風行けば草堰す」は、自然体で生きる裕次郎の心境を記したものと推測され、私は過ぎ去った時代と彼の英姿を思い浮かべて感慨に浸ったのである。

甘美さと苦さ、愛と性の悩みを主題とした
対象的な青春映画

草原の輝き
卒業

1961 米国
1967 米国

●追憶●
青春映画について

新芽が若葉となり幹を目指すという誰もが過ごす一生のある時期(季節)である青春を舞台にした作品は多い。この緑に包まれて自分をコントロール出来なくなる季節には、自分と周囲への漠然とした不安と不満にかられて出口のない道に入り込み焦る。そして若さの持つ甘美だが重苦しい緑の森を通り抜けると、可能性の狭められた30代が待っているのであ

●作品紹介●

1. スタッフ

『草原の輝き』

監督:エリア・カザン
脚本:ウィリアム・インジ
撮影:ボリス・カウフマン
音響:デビット・アムラム
出演:ナタリー・ウッド
ウォーレン・ベイティ
オードリー・クリスティ
パット・ヒングル
ゾーラ・ランパード
バーバラ・ローデン

カラー・ワイド 124分
1961年キネマ旬報ベストテン第9位
アカデミー脚本賞

る。70年代以前のアメリカの青春映画の名作は、『エデンの東』（55）『草原の輝き』（61）『卒業』（67）と言われている。『エデンの東』は父親との相克がテーマになっているが、他の2本は厳しい時代と周囲の環境の中で、若い男女の愛情、欲望を真摯に取り上げていながら対照的な結末になっている。私には、どちらの作品も青春の持つ光芒を鮮やかに描いて、今でも色あせない魅力があるので取り上げてみたい。

初見時に感じたこと

『草原の輝き』を見たのは、受験生活を終えて次に始まる自由な4年間を迎える年だった。作品の主人公のように、勉強とは別に何かしたいという明確な目標はなかったが、白いキャンパスに自由に描けることへの漠然とした期待はあった。私はこの作品でアメリカの学生生活を知り、ワーズワースの詩を効果的に用いて描く青春の光芒の切なさや不安、言い知れぬ虚無には残酷さも覚えた。愛と性と結婚という切実な問題を正面から捉え、そして最後に青春の終わりとその苦い経験を乗り越える可能性を示唆するラストに非常に感銘した。それはワーズワースの詩の含蓄の深さを見事に表現していたからである。

「草の輝くとき　花美しく咲くとき　ふたたびそれは帰らずとも嘆くなかれ

『卒業』

監督：マイク・ニコルズ
原作：チャールズ・ウエッブ
脚本：カルダー・ウィリンガム
　　　バック・ヘンリー
撮影：ロバート・サーティス
音響：ポールサイモン他
　　　（サーモン&ガーファンクル）
出演：ダスティン・ホフマン
　　　キャサリン・ロス
　　　アン・バンクロフト
　　　マーレイ・ハミルトン

カラー・ワイド　106分
1968年キネマ旬報ベストテン第6位
アカデミー監督賞

その奥に秘められた力を見出すべし……」

　友人に薦められて『卒業』を見たのは、会社生活2年目で、ようやく仕事に慣れて多忙な日々を送っている頃だった。友人も私も、先の見えぬ主人公を誘惑するロビンソン夫人の妖艶さに参り、主人公に羨望し、イレインへの愛に目覚めた主人公の一途な行動に快感を覚えたが、将来を考えない行動は憧れでファンタジーの印象だった。ただ花嫁略奪は、前に見た映画（※註）で同じ場面があったので衝撃はなく、若者の行動の表現の定番だと思った。

（※注）『風流深川唄』（60）山村聰監督、川口松太郎原作、笠原和夫脚本で、花嫁美空ひばりの乗る人力車を恋人の鶴田浩二が車ごとかっさらっていく。

　印象的な音楽の使い方（主題歌がいい）、美男でないホフマンの演技、語り口のうまさ等は感心したが、会社生活に入り感性が鈍っていた私には、この作品自体の新しさを正しく評価は出来なかったのである。

2. 物語

『草原の輝き』

　１９２８年、カンサス州の高校生バッド（ベイティ）とディーニー（ウッド）は恋仲で、夜半に滝でデートしていたが、若いバッドの欲求をディーニーは拒み続けていた。食料品店を営むディーニーの両親は、石油景気で成金になった家の長男バッドと娘との結婚を望んではいたが、母親（クリスティ）は娘に結婚前は純潔を守ることを強く要請していた。

　そんな母にディーニーは反発していた。バッドの父（ヒングル）は、石油会社を合併してバッドを役員にするためエール大学への入学を望み、ディーニーとの結婚などは歯牙にもかけなかった。バッドは農業大学へ進み、牧場をやりたい希望もあったが、ディーニーとの結婚を認めさす

●再会してみて●

『草原の輝き』

感銘は変わらず、改めて脚本の素晴らしさと重厚な演出に酔うとともに、年齢を重ねたせいか若い二人の主人公以外の各人物の描き方の彫の深さに感心した。

石油成金の現実主義者で息子を支配し、恐慌で破産後は彼に詫びて自殺していく父親の哀れな愚かさ、純潔主義で娘を縛り、精神病院を退院した後も彼女に詫びながらバッドに会わせまいとする母親の愚かさ、静かに娘を見守り、最後にさり気なくバッドの居所を教える父親の優しさ、父親に反抗してバッドにも意気地なしと言い、怠惰な生活を送って死んでいく哀れな姉等である。

『卒業』

アメリカン・ニューシネマの代表作であるこの作品の価値を今回見直して初めて判った。当初はリアルなタッチの映画のドラマ性と音楽の使い方の素晴らしさに着目して、その中に込められたメッセージは見落としていたのである。ヴェトナム反戦運動や学園闘争の前のアメリカでは、若い人を中心に過去の権威や既成の規則に反発した時代の空気の中で、映画も新しい作品を

ためにエール大学を目指した。

卒業パーティでディーニーは、自分が拒んだためにバッドが他に女性と交際し出したと思いバッドを誘ったが、気乗りしないバッドの態度に失望し、他の男の子と車で滝の上に行き、取り乱して滝に身を投げた。精神に異常をきたしたディーニーは精神病院に入院した。

バッドはエール大学に入学したが、希望の学科でもなく、ディーニーとも会えない状態で勉学に身が入らず、イタリア料理店の娘アンジュリーナ（ランバード）と親しくなった。

1929年大恐慌が起こり、バッドの父は破産した。退学勧告で大学に呼び出された父は、彼をニューヨークに連れ出し、酒を一緒に飲み、バッドの希望を抑えたことを詫びて

生み出したのである。確かに既成のモラルでは母と娘との二人に関わることや教会の権威を打ち破ることは許されないことである。特に他の新しい作品は、暴力、犯罪、放浪等をテーマにアメリカ神話を否定しているが（例『俺たちに明日はない』（67））、この作品は「愛」をテーマにしていることが異色で、また普遍性もある。青春のモラトリアムな季節を抜け出していく若者を、時代の気分の中で、新しい感覚で力強く描いたので全世界の若者に絶大な共感を得て大ヒットし、青春映画の古典的名作になったのである（日本でも公開時の洋画の興行成績1位）。

●作品鑑賞●

総評

『草原の輝き』

　アメリカ中西部を舞台に、若い人の性に関する欲望と不安、純潔を求める厳しいモラルという普遍的だが難しい問題を正面から捉え、辛辣な見方も加えた素晴らしいオリジナル脚本を、重厚な演出と鮮やかなカラー映像で描き、ワーズワースの詩を効果的に使って

ディーニーに似た女を買って与え、破産のショックと息子への失望でその夜に投身自殺した。

　2年の歳月が流れ、ディーニーは全快し、病院で知り合った医師との婚約を決意し、担当の医師から「恐怖は直視すれば消滅する」と言われ、バッドに会う覚悟で家に戻った。

　母は娘に躾を詫びたがバッドには会わせまいとした。しかし優しい父が場所を教えてくれたので、友人とバッドの牧場へ向かった。作業服ですっかり農夫になっていたバッドは、妻となっていたアンジュリーナと娘のいる家へ案内した。別れ際にディーニーは自分も結婚することを告げた。互いに見つめ合った後、「会えて良かった」と二人は握手した。

　帰りの車中でディーリーは、学生時代のワーズワースの詩を思い浮か

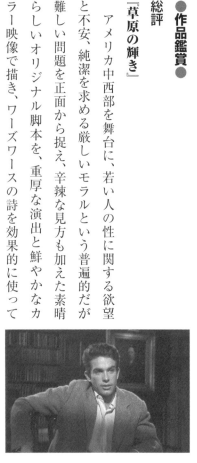

主題を浮かび上がらせ、若い世代の共感を呼んだ美しくまたほろ苦い青春映画の名作である。大人の世代には過ぎ去った青春の苦さと甘美さが郷愁を掻き立てる作品でもある。

『卒業』

60年代後半のアメリカの不安な時代の空気を背景に、若者の苛立ちと行動を、リアリズムとシュールさを混在させた感覚的映像に音楽（特にサイモン&ガーファンクルの「サウンド・オブ・サイレンス」）を融合させてアメリカ映画の新しい流れを作った作品である。

私は物語の「綾」を上手く使った語り口に感心した（二作目でアカデミー監督賞）。

冒頭の音楽の使い方、強烈なラストの描写は後世に多大の影響を与え、他のニューシネマとは違う今や伝説的青春映画と言われている。

ラストシーンの余韻

『草原の輝き』

ディーニー（D）が勇気をもってバッド（B）と再会し、別れて行くシーンは磨き抜かれた台詞

べ、青春の終わりを実感するとともに苦難を乗り越えて進もうという気持ちで前を見つめていた。

『卒業』

東都大学で学問もスポーツも優等生で卒業したベン（ホフマン）は、理想や今後の計画も欲望もないので、浮かない顔でロサンゼルスに戻って来た。自慢の息子に大喜びの両親は、彼に赤いアルファ・ロメオの車を与え、卒業祝いパーティを開いてくれた。ベンは気分が乗らず部屋に戻ると、酔ったロビンソン夫人（バンクロフト）が入ってきて、家まで送ってくれと言い出した。当惑したベンが家まで送って行くと、中へ入れられ誘惑されたが、間一髪ロビンソン氏（ハミルトン）が帰宅して逃れられた。両親には潜水服をプレゼントされても、ベンはいつも見つめる水槽

と練達の演出、抑制された演技で特に印象的なので紹介させていただく。
（D）「幸せ？」
（B）「まあね。幸せなど考えてもみなかった。君は？」
（D）「来月結婚するの。彼に会えば気に入るわ」（二人見つめ合う）
（B）「運命って不思議だね」
（D）「ほんとね」
（B）「幸せにね」
（D）「私も幸せのことはあまり考えないの」
（B）「そうさ。あるがままでいい」（間）
（B）「会えて良かった」
（D）「ありがとう」
（B）「それじゃ」二人は見つめ合い握手して別れ、車に乗る。
（車中で）友人「ディーニー、まだバッドのことを愛している？」（答えず）思い出のワーズワースの詩が流れる中、ディーニーはじっと前を見つめ続けている（牧場の風景）。

　痛ましかった青春の終わり告げ、苦しさから立ち直ってそれぞれの道を歩み始める二人の先の明るさも感じさせ、ワーズワースの詩を用いた主題を浮

の中の魚のように、ただ入れ物の中で目的もなく泳ぐ日々だった。

　ベンは誘われたロビンソン夫人との情事に興味を持ち、夫人に電話してホテルで落ち合うが、対応に戸惑う彼は夫人にリードされるばかりだった。年上の女性との体験はベンには大人になる過程ではあったが、アル中の夫人には退屈な日常の刺激でしかなかった。

　ロビンソン家の娘イレイン（ロス）が大学から戻り、ベンの両親も美しいイレインとの交際を望んでいた。イレインを誘い出したベンは、下品なバーに連れて行ったが、侮辱された彼女は逃げ出して泣き出した。イレインの傷付きやすい若さ、純粋さの魅力にベンは目が覚め、率直に謝罪したので二人の間のわだかまりは消え、親しみが生まれた。ロビンソ

かび上がらせる見事なラストである。

『**卒業**』

ベンの呼びかけに応じて花嫁姿で飛び出そうとする娘に母親は「もう遅い」と言う。だが娘は「私には遅くない」と答え、大混乱の中を逃げ出し、十字架を使い教会の扉を塞ぐ。よれよれの二人はバスの最後尾の座席に座り込み、顔を見合わせて笑うが、その表情は次第に真剣な眼差しになっていく。

この若い情熱を爆発させたラストは、演出の馬力で、権威や規則に反発した時代の空気を反映させるとともに、青春の季節を抜け出した二人の若さの可能性を暗示して、壮快な気分にさせてくれる。ただ私には二人の真剣な表情が何を暗示していたのかは不明だった。

俳優について

シャーリー・マックレーンの弟であるウォーレン・ベイティは、ニューシネマの先駆的作品『俺たちに明日はない』に製作も兼ねて主演し、その後も『レッズ』(81)でアカデミー監督賞を受賞するなどして多方面で活躍した。

ナタリー・ウッドは、『ウエスト・サイド物語』等に出演、人気と実力を備えた女優だったが、1981年に夫ロバート・ワグナーと海に出て43歳で溺死した。

ン夫人は、ベンとイレインの仲を裂こうと、ベンに誘惑されたとイレインに告げ、ショックを受けたイレインは大学へ戻って行った。イレインを愛するという人生の目的が出来たベンは、バークレーの大学に行き、イレインに会って夫人の話の真相を告げ、イレインを愛する自分の気持ちを伝えると、傷つきながらもイレインは考えてみると言う。ベンはロビンソン氏からはイレインには会わせない、妻とは別れると言い渡される。イレインから「あなたを愛しているが結婚は無理です」という手紙を受け取ったベンは、必死で彼女を捜し、友人との結婚式が行われている教会へ駆けつける。

挙式の最中に彼は2階からガラス越しにイレインの名を呼ぶ。「ベン」と応じたイレインはウェディング・

ダスティン・ホフマンは、この作品でアメリカの普通の青年の「気分」を見事に演じて、ヒーロー不在の時代の新しいスターとなり、演技力をつけて『レインマン』(88)でアカデミー主演賞を受賞している。キャサリン・ロスは、『明日に向かって撃て』(69)でニューシネマのスターになったが、その後は印象に残る作品は少ない。

私には、アン・バンクロフトの熟れた女性の妖艶な演技(助演女優賞)が忘れ難い。

アメリカン・ニューシネマについて

１９６０年代後半の時代の閉塞感の中、若者達には反戦の高まりや権威に反抗するという精神風土が芽生えた。映画もハリウッドのハッピーエンド伝説と道徳主義の伝統を霧散化させ、現実を冷やかに描く新しいスタイルの作品が登場した。それらは前述の作品や『イージーライダー』(69)、等を総称しアメリカン・ニューシネマと呼ばれた。

その変化は、

- 青春の擬視(若くあることは今日のアメリカにどんな意味があるのか?)。
- ロマンの否定(現代アメリカの孤独感)から始まった。

(荻昌弘氏「何が彼等を変貌させたのか」キネマ旬報１９７０年正月号)

ドレス姿で2階へ向かい、途中でベンに抱きすくめられる。大混乱の中、二人は教会の扉に十字架でかんぬきをして脱出し、通りかかったバスに乗る。バスの中で二人は顔を見合わせて笑い、(主題歌の流れる中)次第に真顔になっていく。

作品は、暴力を含めた過激な描写が多かったが、斬新なタッチとテーマにマッチした音楽の使い方（ヌーヴェル・ヴァーグの影響もある）で若者に広く支持された。

エリア・カザン監督について

トルコ出身で数々の名作を残したアメリカを代表する監督でアカデミー監督賞を2回受賞している（『紳士協定』（47）『波止場』（54））。ただハリウッドも巻き込まれた「赤狩り」で彼が協力的証言（一種の密告）を行ったことへの非難があり、この苦い経験が彼の作品に暗い影を落としているものが多い。『草原の輝き』でも娘の母親が、結婚相手が療養所（精神病院）で知り合った医師と聞き、「アカか？」と聞くぎょっとさせる台詞がある。しかし、リアリズムを根底としたオーソドックスな手法で、人間を深く描き、青春映画の名作と言われる『エデンの東』や本作のように、彼の作品は時代を経てもその輝きは失っていない。

キューポラのある街

貧しさの中でも矜持を失わず
健気に成長していく子供達

1962 日本

●追憶●
個の確立への出発点

浦山桐郎監督のデビュー作で、吉永小百合がアイドルスターから女優へと踏み出したことで知られる本作品の初見は大学に入学した頃だった。私は、与えられた4年間は自分の個性の確立の時期と考えていた。個の確立とは、幅広い知識の吸収や経験、人間関係の拡がりを通じて様々な考え方を知るとともに、他人と違う自分なりの考え方を持ち、それが他人から認知されることと思っていた。私は何方かといえば理論派より現実派だったが、論理的考え方にも興味があり、見方を変えれば物事は様々な捉え方があると思い、クラブの雑誌に次のような文章を掲載してもらった。未熟な文章で恥ずかしいが、今も私の考え方の基盤になっているので一部を紹介させていただく。

●作品紹介●

1. スタッフ
監督：浦山桐郎
原作：早船ちよ
脚本：今村昌平、浦山桐郎
撮影：姫田真佐次
音響：黛敏郎
出演：吉永小百合、浜田光夫
東野英次郎、市川好郎
加藤武、杉山徳子

モノクロ・スコープ99分
1962年キネマ旬報ベストテン第2位
ブルーリボン女優主演賞
新人監督賞

2. 物語
キューポラが林立する鋳物の街川口で、鋳物職人石黒辰五郎（東野）、

論理の空転

●何となく気に食わないが、彼の持つ自分に無い強さに惹かれて付き合う間に、互いに欠点を指摘し合う友になることがある。しかし異性の友は、始めから好意の存在が不可欠なので、故に男女間の友情は成立しないという考え方は如何か？

●「心にもない同情などしてもらうのは迷惑だ」とよく言う。（中略）ある行為を、それが本当に心の底から望んだのでなく、ある手段のためにしたとしても、行為は結果として残る。次の場合はどうだろう。絶望のどん底の人が乞食に１００円恵んだとする。ある人が貧乏人を救済した（行為の結果）、自己より更に惨めな人を見て、残された優越感を確認するために１００円使った（行為の動機）。行為は結果として残るからプラス１はやはりプラス１か？　やらないよりやる方がいいか？

●人生の通りがかりの人に対する時は、人は自己を押し殺してもいい。それで無駄な摩擦を防げるから。だが友として対する時は、自分をいつまでも隠しているのはずるい。心の窓はある時は開放せねば、相手も開放してはくれない。私にとって警戒するのは、相手に対して心の開放を装う人と対した時である。八方破れはやはり極意か？

妻トミ（吉永）、タカユキ（市川）、テツハルの五人の一家を中心とした物語。

職人気質の辰五郎は、工場が買収されてクビになり、自暴自棄になって酒とバクチに溺れ、子どもが産まれるのに外で飲んでいた。ジュンは、一人で母の世話や弟の面倒を見る、明るく元気ないい姉だった。無収入で苦しくなった辰五郎は家で、子どもに八つ当たりし、タカユキは家を飛び出し、彼を親分と慕う朝鮮人のサンキチと河原の小屋に泊まってしまう。工員の克美（浜田）は、辰五郎に、組合を通じて退職金の交渉をしてやると言うが、「職人は組合の世話にはならない」と辰五郎に断られる。タカユキが鳩の雛の事で不良に脅されていると知りジュンは、乗り込んで弟を救ってやる。辰五郎は、ジュ

●風刺は写実に近いと言われる。風刺は、物事のある一面を捉えて本質を浮かび上がらせようとしている。多面的見方では写実ではないかもしれないが、私にはこれは写実の一種と思われる。

●限界効用理論の発見により経済学の多くの分野が、この理論で改めて説明可能になった。経済学分野の各論より理論は上位にある。だから全ての学問の考え方の基礎となる哲学は最上位の学問であるという理論には納得できる。しかし現実の要求に直接応えぬ哲学の低迷も当然だと思う。相反する論を共に肯定しても、矛盾を感じさせないところに現代の複雑さがあるのだろうか?

こんな事を考え始めた時期にこの作品を見た私は、何故かとても素直な気持ちにさせられたことを覚えている。「母もの」といわれる映画だけでなく、多くの作品は「貧しさ」が悲劇の原因とされ、観客は戦後の苦しい生活の中で、自分よりさらに悲惨な人々に同情と共感を寄せたからである。しかしこの作品は、「貧乏」を日常生活の中で描きながら、一方に肩入れするのでもなく、その中で前を向いて歩んでいく子どもたちとその周囲の人々を描いた爽やかな物語になっていた。健気な吉永の姉もいいが、私には、弟二人と朝鮮人の友達との悪戯や家出、舟による脱出願望等の交友に特に共鳴したのである。

ンの親友信子の父の会社に就職するが、機械を用いた新しい技術に付いていけずに辞めて、ジュンを落胆させる。

修学旅行が近くなり、教室での持っていく小遣いの額を決める話し合いの時、行けそうもないので暗い顔のジュンに担任の野田先生(加藤)は市の補助金を申請してくれた。サンキチの姉とパチンコ屋でバイトを始めたジュンは、高校に行く決意をする。そんなジュンを高校に行かなかった克美は励ました。修学旅行の前日、辰五郎の失職などで家族は言い合いとなり、ジュンは旅行を諦めて、翌朝、橋の上から出て行く電車を見送るのだった。

自棄になって不良と遊んだジュンの危機は、克美と弟が救ったが、ジュンは学校を休んだ。

また、鋳物で汚れた街のイメージ川口を舞台に、抒情的な美しい描写と映画全体を覆うみずみずしさが素直な気持ちにさせられた理由だったのだろう。この作品には多くの問題（貧困、失業、民族差別等）が提示されているが、物事の本質を捉えるには、まず対象に素直に接することから始まるという基本的なことも私は学んだことになる。

●再会してみて●
浦山桐郎監督の執念

通常デビュー作は、その監督の映画作家としての気質が出るが、意余って力足らずという作品もあり、また会社の与えられた題材で腕を試されて不本意な作品になる場合もある。

31歳でデビューした浦山監督は、会社から1時間程度の添え物の演出を要請されたが拒否した。彼は、神田の古本屋で見つけた早船ちよ原作の「キューポラのある街」なら苦労した自分の実体験も織り込めると考え、今村昌平との共同脚本を用意し、粘り強く交渉した。そして2時間以上の予定を1時間半に短縮し、吉永小百合を主演させる条件も飲んで映画化を実現させた。原作は児童文学であるが、単なる児童映画にせず、子どもとその周辺の人々の

早朝にタカユキとサンキチは、配達された牛乳を盗んで小舟で逃げたが、配達少年の「おふくろの病気のためにやっているのに、お前らのおかげで一銭にもならない。お前らは恥ずかしくないのか」と怒鳴られてしょげこんだ。

サンキチ達が北朝鮮に帰還する日、ジュンの仲間やタカユキは盛大に見送り、タカユキは餞別に鳩をあげた。しかしサンキチは、同行しない日本人の母を求めて列車から降りて戻ってきたが、母は他の男と出て行った後だった。失意のサンキチをタカユキは暖かく迎えて、二人で元気に新聞配達を始めた。

野田先生の「気持ちがあれば勉強できる」という励ましの言葉で、ジュンは昼間の県立高校を諦め、見学した工場で働きながら定時制高校で学

喜びと悲しみ、哀しみと嬉しさを生活描写を通じて描いた（キネマ旬報社「日本映画200」）。特筆すべきは、派手な技巧を用いず、腰の据わった演出でありながらみずみずしい感性を感じさえる作品に仕上がったことである。

公開時の評価

公開時の1962（昭和37）年は、安保騒動の混乱後池田内閣の高度成長時代に突入、2年後のオリンピックも控えて国が高揚してきた時期で、映画も過去の戦争や貧乏を原因とした被害者意識を脱却して、新しさを求めると共に、テーマも前向きの行動的人物を描く傾向が求められてきた。この作品は、「貧乏」という環境の中で、子どもたちの前向きな行動力を描くと共に、彼等の苦しみや悲しみにも目を向けていたのが新鮮で、評論家にも一般観客にも好評だった。主役の吉永小百合はスター女優となり、大学生まで引き付けて「サユリスト」という言葉まで生まれた。この年のベストテンでは、市川崑監督の意表をつく『私は2歳』が本作品より僅差で1位になったが、小林正樹（『切腹』）、小津安二郎（『秋刀魚の味』）、黒澤明（『椿三十郎』）、今井正（『にっぽんのお婆あちゃん』）という巨匠や名匠の手慣れた題材の作品を抑えて新人監督の作品が2位に選ばれた。同じくデビュー作の勅使河原宏監督の『おとし穴』も6位となり、時代の変化に伴う世代交代が進んだことも伺わせる。

ぶ決意をした。辰五郎も克美の会社で使ってもらうことになり、ジュンに昼間の高校への入学を認めてやろうと言うが、ジュンは、親に頼らずに働きながら夜間学校に通うという決意を語り、その自立の決意に克美は感心した。

早朝帰還するサンキチの列車を橋の上から見送ったジュンとタカユキは、学校と配達に行くため、それぞれの道を走り出すのだった。

吉永小百合の演技について

浦山監督は、吉永をどうしても工員の娘にはなりきれないと見て、「いい意味での彼女の処女性」を表に出すことにしたという(「日本映画200」)。そして彼は、常に吉永を隣に座らせ、スタッフにはジュンと呼ばせ、貧乏の苦しさと生きることの大切さを教え、主役としての自覚を持たせるようにした。

当時18歳の丸顔でずんぐりした可愛いいアイドルだった吉永は、これに応えて、明るく、健気で賢いというややパターン化された役を、役の気持ちになって、セリフだけでなく身体全体で懸命に演じ、その努力はただ役を無難に演技するのでなく、パターン化まで押し破ろうとした。このひたむきさが画面からにじみ出て、観客に強い印象を与えた(前を向いて走る場面が多い)。その結果、本作品の役がそのまま以後の彼女のイメージを形成するという異例の状態を引き起すことになった。

●時代の流れについて

◈この作品で初めて描かれた希望を持って帰るという北朝鮮帰還については、その後の帰還者の苦労を考えると胸が痛む。

◈失業、職人気質の受け入れられないオートメ化、組合の力の弱体化、教育の均等化等の問題は今も残っている。

◆ジュンが働きながら夜学に行く決心をするため見学する工場は、後に私が就職する会社の「日立武蔵工場」である。「日立武蔵」の名で江上、三屋等でバレーボール界を席巻したこの工場も今はない。

●作品鑑賞●

総評

原作があるにしても、鋳物の街川口という工業地帯を背景に数々の問題を織り込みながらこのような珠玉のデビュー作品を生み出した脚本と演出、言い換えれば感性と才能に敬服する。今見ても古さを感じられないのも感心する。

公開直後に飯田心美氏は、「工場労務者なら起こりそうな障害補償の問題、失業、そして教育関係では向学心がありながら進学出来ないでいる子どもの問題、また政治と個人の家庭にあるものとして北朝鮮帰還問題などが描かれているが、それが大上段の演説型を取らず、きわめて日常の形でやさしく語られている」と的確に批評している（日本映画２００）。組合賛美や民族差別を強調するような描写を避け、貧しさの中で人間の生きようとする力を子どもとその周囲の大人達の日常生活に溶け込ませて描いているのが、この作品の新鮮で非凡な点である。

特に感心した点

複数の問題を一つのエピソードにして描く(例)

●北朝鮮帰還の見送り時の描写も、民族問題、母親会いたさに戻ってくる男の子の肉親感情、姉ジュンと弟タカユキの友へのそれぞれの思い、サンキチが放つ鳩の描写。

●ジュンの親友の金持の子(通常は鼻もちならない子として描く)が勉強を教えた御礼にくれる口紅の扱い(少女から大人へ)、金持ちの子の父親の工場に就職した辰五郎がオートメ化に付いていけず辞めて落胆したジュンが自立化を決意する描写。

男の子の生き生きとした描写

●小遣い稼ぎに鳩を飼う、叱られて家出、河原での石投げと舟で遊ぶ、帰還時の見送り。

新人監督とは思えぬ滑らかな語り口

●冒頭の鋳物工場の紹介とそこに働く人々の描写から、人物関係をさり気なく紹介していくという映画の基本をしっかり身に付けた語り口、朝を中心とした抒情的描写の美しさも描出。

浦山桐郎監督について（石坂昌三著「巨匠たちの伝説」三一書房　参照）

昭和5年兵庫県生まれ、母親は産後すぐに亡くなり、17歳しか離れていない実母の妹が後妻になり育てられた。チビで秀才の彼が小学校時代に虐められると朝鮮人の子が助けてくれた。高校3年の時実父がノイローゼで自殺、苦学して名大仏文科卒業後松竹を受験したが身体検査で不合格になった。しかし日活の制作再開で受験して合格した。

彼の作品にはこの苦しい実体験が反映しているものが多い。「キューポラのある街」が好評だったので裕次郎や小林旭の作品を撮れと会社は要請してきたが断り、自分の撮りたい映画しか撮らず、54歳で死ぬまで23年間で9本（アニメも含む）しか作品を残していない。急性心不全で急死する年にテレビ化もされていた『夢千代日記』を吉永小百合主演で撮り、これが遺作となった。

この作品の小百合のしっとりとした薄幸の女性の演技は忘れ難く、恩人である浦山監督へのいい供養になる作品になった。

俳優について

吉永小百合の演技だけでなく、子ども、特にタカユキの市川好郎とサンキチ役の子の自然な演技や、別れていくサンキチの姉の少女の薄幸を感じさせる抑制された演技が良かった。脇役は貧乏や暗い話の演技が合う新劇系の俳優で固めており、東野の頑固な職人ぶりや怖い顔なのに暖かくジュンを見守る加藤の教師など皆手堅い演技で作品を支えている。

　吉永小百合はこの役の成功で、主人公の延長のような役が続き、若年層だけでなく年配のファンも獲得していった。また彼女自身の生き方とも重なり、高倉健亡き後の最後の映画スター（俳優の個性に作品が近寄ってくる役者、どんな役でも個性は変わらない）として活躍している。観客の要望もある清潔で美しい役でもいいが、私には年齢を重ねてしっとりとした味の出る健気に耐える女性が一番合っているような気がする（大河ドラマ「樅の木は残った」（70）の失語症の娘、「細雪」（83）の三女「おはん」（84）、「夢千代日記」（85）等）。

見せ場が連続する元祖スパイアクション映画

ロシアより愛をこめて

「007危機一発」改題

1963 英国

●追憶●

初見時

スパイ映画は、誰がスパイなのかというミステリー的要素はあるものの、暗く、陰惨な場面が多くて苦手だったが、この作品の面白さが評判だったので友人と下北沢の二番館に見に行った。冒頭から主人公のボンドが殺し屋に殺されるシーンに驚かされ、それが犯罪組織スペクターの殺人演習と判り安堵させられた。そして銃弾と刺激的音楽の中でダンサーの肌にタイトルが出て、否応なく映画の世界に引きずり込まれた。スペクターは英ソ情報部を対立させ、その隙にソ連の暗号解読機を手に入れると共に英国情報部のジェームス・ボンドを葬るという計画。罠と知りつつ一人で立ち向かうコネリーの演じるボンドの恰好良さに目を見張り、彼に降りかかる危機また危機の連続

●作品紹介●

1．スタッフ

監督：テレンス・ヤング

原作：イアン・フレミング

脚本：リチャード・メイバウム

撮影：テッド・ムーア

音響：ジョン・バリー

出演：ショーン・コネリー

ダニエラ・ビアンキ

ペドロ・アルメンダリス

ロバート・ショー

ロッテ・レーニア

カラー・スタンダード 118分

に息つく暇もない活劇の面白さに観客から拍手が湧くほどだった。また、彼に絡むソ連情報部のタチアナの美しさにも見とれ、立て続けに2度見た。更にシリーズ一作目の『007は殺しの番号』(今は「ドクター・ノオ」と改題)との2本立てまで見に行った。この冒険活劇としての面白さは、2年前に見た『ナバロンの要塞』に匹敵していたが、ボンドの強さだけでない危機に直面した時の落ち着きと洒落たセリフ、女性にも強いというキャラクターに別の魅力を感じていた。

●再会してみて●
連続する危機とその対応

私は、フレミングの原作は読んでいなかったので純粋に映画的魅力を味わったことになる。ハラハラ、ドキドキさせられて楽しいのは、危機の設定が意表を突き、その対応が工夫されているからである(脚本の力が大きい)。それをシーンごとに見てみる。

●イスタンブールでの入り乱れる銃撃戦(ボンドの銃を構える姿勢が頼もしい)。

●有名なオリエント急行の客室内での殺し屋グランドとの死闘(アタッシュ

2. 物語

冒頭、闇の中に登場したボンド(コネリー)が殺し屋グランド(ショー)にワイヤーで殺される。殺されたのはマスクを被った替え玉で、そこは国際的犯罪組織スペクターの殺人学校だった。スペクターは、英ソ情報部を敵対させ、その間にソ連の暗号解読機レクターを手に入れ、英国情報部の腕利きジェームス・ボンドを葬るために罠を仕掛ける。英国情報部は、罠と知りつつも、イスタンブールのソ連暗号解読係タチアナ・ロマノヴァ(ビアンキ)の西欧への亡命を条件に暗号機を盗み出すという申し出に応じてボンドを派遣することにする。出発前にボンドは様々な仕掛けのあるアタッシュケースを渡される(ナイフやライフル、催涙ガス等)。タチアナは、ソ連情報団幹部で、

ケースの活用、相手を倒した後でネクタイを締め直す余裕と洒落っ気)。
●列車脱出後にヘリコプターで追われ、ライフルで敵の取り出した手榴弾を撃ち、爆発させて墜落させる(組み立てたライフルを使用、地上側が上空の敵を撃ち落とす)。
●ヴェネツィア湾でのモーターボートの追跡を海上に積んでいたガソリンを流して炎上させる(ボンドは「火のないところに煙は立たない」と呟く)。
●難を逃れ、ホテルで楽しい時間を過ごそうとした時、クレップ大佐の靴に仕込んだ毒の爪先での襲撃にはタチアナの銃弾で救われる(女性は任務遂行義務より愛を選ぶ)。

大きな影響力

この作品の世界的な大ヒットで現在までシリーズ化されただけでなく、スパイアクションという活劇ジャンルを生み出し、世界中の国ですぐに摸倣され、多くのシリーズ化された作品が制作された。主なものは、米国では『0011ナポレオン・ソロ』(64)『電撃フリントGO!GO作戦』(65)『サイレンサー沈黙部隊』(66)伊国では『077シリーズ』がある。『キングスマン』(英)は本作へのオマージュで、シリーズ最新作も今後公開される。また『ミッション・インポッシブル』もこのジャンルである。

今はスペクターに加わっている女性のクレップ大佐(レーニア)からの指示でボンドに近付き罠にかける役目を引き受ける。イスタンブールでボンドは、同志クリム・ベイ(アルメンダリス)の協力を得て美しいタチアナにホテルで会い、二人は親密な間柄になったが、この光景は、盗み撮りされていた。タチアナの盗み出した暗号解読機レクターを持って二人は激しい銃撃戦をかいくぐり、オリエント急行でトルコを脱出する。敵側のスパイと間違われたクリムは

●作品鑑賞●

総評

今も続くジェームズ・ボンド・シリーズの第二作で、シリーズ中の最高傑作と言われている。娯楽映画に徹して、連続活劇の楽しさを味わせてくれるあらゆる要素を取り込み、スパイアクション・ブームを引き起こし、シリーズとしてのフォーマット（作法）を確立した作品でもある。「これだけ面白く作られれば。ごきげんの冒険活劇と認める」と双葉十三郎さんも高評価している。

作品の魅力について

●ショーン・コネリーのボンド

野性的だがタキシードの似合う英国紳士で、強さと落ち着きがある。女性にもモテ、仕事も有能という従来にないヒーローのタイプを創造した。

●面白さの源泉は、生身の肉体闘争とこれを助ける肉体と一体化した武器

テレンス・ヤング監督はこの作品について「シリーズの中で一番出来のいい作品で、脚本が優れており、何より人間的であって、機械を使わずに人を殺

殺され、列車内では、新婚夫婦を装っていたボンドを、スペクターの凄腕の殺し屋グランドが待ち受けていた。タチアナは催眠薬で眠らされ、狭い社内の死闘でボンドはグランドのワイヤーで絞められて危機に陥るが、アタッシュケースに仕込んだ催涙ガスやナイフ等で辛くもグランドを倒す。車外に出た二人は、ヘリコプターに追われるが、投げようとした手榴弾をボンドはライフルで撃ち爆発、炎上させる。ヴェネツィア湾では、数隻のモーターボートに追われるが、咄嗟に海にガソリンを播き点火してボートを炎上させてしまう。ヴェネツィアのホテルで甘い夢を見ようとした時、掃除婦に変装したクレップ大佐が、靴の爪先に仕込んだ、毒ナイフで襲い掛かってきた。ボンドを本気で愛してしまったタチ

していくのがいい」と語っている。
（「スパイ・サスペンス映画の名匠たち」キネマ旬報社）

●アイデア満載の小道具が楽しい

アタッシュケースの中には組み立て式ライフル、ナイフ、催涙ガス噴出の仕掛け、金貨等が入っており、オリエント急行での危機脱出に効果を挙げている。新婚夫婦を装うための指輪や衣装は楽しいが、靴に仕込んだ毒の爪や腕時計に仕込んだ針金は怖い。

●国際的観光趣味

ロンドンからイスタンブール、オリエント急行でバルカン諸国を疾走しヴェネツィアへと現地ロケが効果を発揮、スケールの大きな舞台での活劇が楽しめる。

●悪役が素晴らしい

姿は見せない親玉、殺し屋ブランドに扮したロバート・ショーの存在感、大佐の女性もいい味を出している。

●女好きのボンド

◆当初は命令に乗り気でないボンドもタチアナの美しい写真を見せられる

アナの銃弾が大佐を倒し窮地に立ったボンドは救われた。

そしてやっと二人はヴェネツィアの運河のゴンドラの上で甘い時を過ごすのだった。ジョン・バリーの甘い主題歌が流れる中、ボンドが運河に捨てた盗み撮りされたフィルムが波に漂う幕切れである。

と、俄然やる気になるが、写真は取り上げられて秘書に笑われる。

◆ホテルで待ち受けるタチアナとのベッドの上での会話。ボンドの背中の傷を触りながら「貴方のことは資料で知っているわ」というタチアナに「期待通りの男か？」と聞き、「わかるわ。朝までには」との答えにそのまま倒れ込む。ただこの二人の熱演は敵側に撮影されている。

◆オリエント急行で新婚夫婦を装うためボンドは指輪や服を渡してやるが、ラストのヴェネツィアのゴンドラの上でタチアナは、「また使うのでしょう」と指輪を返し、ボンドも「これも国の財産だから」と応じ、「公務を忘れて楽しもう」と誘う。そして撮られたフィルムを見て「大熱演だ。再現しよう」といってフィルムを捨てる。嫌味のない洒落た会話が笑いを誘う。

その後のシリーズの傾向

ドラマには起承転結があり、発端から漸次ドラマが進んでいくのがオーソドックスな作劇法である。この作品の開巻から危機が発生し、この緊張感が続くという作劇法は以後のアクションやサスペンス・ドラマに大きな影響を与えた。

（猪俣勝人「世界映画名作全史戦後編」現代教養文庫）

このシリーズも見せ場の連続を生身の肉体では続けられず、大掛かりな機械やCGを活用する方向に行き、本作品とは異なる荒唐無稽なシーンの連続になってしまった。テレンス・ヤング監督も四作目の『サンダーボール作戦』（65）を監督したインタビューで「一作目の制作は100万ドルが、二作目は200万ドル、この四作目は400万ドル使えたが、機械が使われすぎて人間的要素が損なわれているので好きではない作品で、もうこのシリーズを撮る気はない」と述べている。

（「スパイ・サスペンス映画の名匠たち」キネマ旬報社）

作品に関わること

●最初の公開時の題名「危機一発」は評論家になった水野晴郎さんが拳銃の銃撃戦もあるので付けたと言われている。正しい日本語では「危機一髪」なのに、この作品の成功で、大学生まで「一発」と書くようになり、今も「発」を用いることが多い。

●ショーン・コネリーは初代ボンドとして世界的スターになった。役がアクションに固定される傾向はあったが活躍して、1987年に『アンタッチャブル』での渋い演技でアカデミー助演男優賞を受賞している。
●原作はかなりソ連を敵視しているが、英ソ共通の敵スペクターの存在を強調して反ソ宣伝にならぬよう配慮してあり、これも無国籍アクションとして大ヒットする要因にもなった。

宮川カメラの映像と山本富士子の
美しさに魅了される

夜の河

1956日本

●追憶●

吉村公三郎監督は多才で、種々のジャンルの作品を残し、評判の高い『安城家の舞踏会』(47)、『わが生涯のかがやける日』(48)も見ていたが、何か登場人物の描き方が浅く、ケレン味のある演出が肌に合わなかった。美男と美女が主演の大人のラヴ・ストーリーという宣伝の本作品も興味はなく見ていなかった。大学の時、カメラマンの友人に、カラー映画のお手本と推奨されて銀座の名画座に見に行った。

見終わって、歴史のある京都の街を舞台に、日本美の象徴である着物を艶やかに着こなして柔らかな京都弁を話す山本富士子の美しさと、鮮烈で奥深いカラー映像に魅せられた。そこには東映や日活の赤茶けたカラーとは違う世界があった。また、原作があり、女性の脚本であるとはいえ、吉村監督がこ

●作品紹介●

1．スタッフ

監督：吉村公三郎
原作：沢野久雄
脚本：田中澄江
撮影：宮川一夫
音響：池野成
出演：山本富士子、上原謙
川崎敬三、東野英治郎
市川和子、阿井美千子
小沢栄太郎

んなにしっとりした大人の恋を描いた作品を生み出したことにも驚いた。日本美を追求し、こんなに女性を美しく撮ったこの作品を越えるカラー映画は見ていない。

会社生活20年目で私は初めて関西に転勤した。関東育ちの私は、関西文化は興味深かったが、ビジネスの世界では、見栄を張る「関東の高めの直球」に対し、関西独特の言い回しの「低めのカーブ」は打てずに最初は戸惑った。しかし、「おおきに」に代表される女性の言葉の柔らかさに惹かれ、祭りなどの伝統行事が生活の中に溶け込んでいる関西文化の良さも味わった。晩夏の夜空を焦がす大文字焼きを見て私はこの作品を想起した。二人が加茂川べりの友人の宿で、抑えた気持ちを大文字の赤い火を背景に、激情にかられて結ばれる「恋に身を焼く大文字」のイメージを思わせる鮮烈なシーンが心に残っていたのである。その後に山本富士子が宿の風呂に入るが、風呂を焚いてくれる友人の女性の京都弁の台詞がいい。「きわちゃん（主人公の名前）、もちょっと燃やしましょか。他ならぬあんたのためやと思うて燃やしまっせ」と呼びかける。主人公の心の動きと大文字の火を赤く重ねて艶やかな場面になっている。

今回この作品を見直して改めて作品の奥深さに感心した。

カラー・スタンダード　104分
1956年キネマ旬報ベストテン第2位

2. 物語

京都堀川で50年来の京染店「丸由」は、70歳の当主由次郎（東野）と伝統のろうけつ染めに打ち込み、家業の中心である長女きわ（山本）と職人一人で事業を続けていた。

美貌で才能のあるきわには、彼女をモデルに描く画学生（川崎）や取引先近江屋（小沢）など近付く者がいた。春になり、新しいデザインのアイデアを求めて奈良の唐招提寺を訪れたきわは、そこで娘（市川）と桜を見に来ていた阪大教授の竹村（上原）に頼まれて二人の写真を撮ってやった。竹村のネクタイと彼女の手提げ

●再会してみて●

カラー映像の難しさ

黒白映画は、水墨画のように現実とは違う2色の世界で、光と影を使って映像美を生み出す。カラーでは、逆に現実の色と同じなので普通に撮れば平凡な画面（色は美しいが）にしかならない。ドラマの中で強調したい色（主人公の気持ち等）を出すには他の色を殺してライトの当て方で浮かび上がらせるしかない。50年前に宮川一夫のカメラはこの技術を完成させて見事な映像美を引き出していたのである。

女性脚本家による細やかな台詞と演ずる山本富士子の京都弁の魅力

前述のシーンだけでなく京都の匂いまで感じさせる、恋する女の気持ちを表す台詞が多い。はきはきした関東弁ではこの雰囲気は出ない。例を挙げると

（別れ際に）「先にいらして、後ろ姿を見られるのいやどす」

（健気）「先生の一番がっかりしている時におそばに居られるのが嬉しいおす」

（友人と飲んでいて）「こうしていても逢いとうて」

（川本三郎氏著「映画の昭和雑貨店」小学館参照）

が同じ自分のデザインであることがきっかけで知り合い、何故か心がときめいて再会を約束した。しばらく後、作品を見に仕事場へ訪ねてきた竹村を京都の街を案内して歩き、離れ難い気になったきわは、数日後に大学の研究室を訪ねた。そこで見せられた遺伝学者の竹村が発見した猩々蝿の変種の鮮やかな緋色を新作のデザインに採用した。

近江屋の斡旋で東京のデパートへ新作を展示することになった。上京する夜汽車の食堂で研究が挫折して悄然としている竹村と会い、彼に新作のデザインをした小物を渡した。

大文字の夜、露骨に言い寄ってくる近江屋から逃れたきわは、岡山への転任を告げる竹村と会い、友人の節子（阿井）の経営する旅館で、激情にかられた二人は、大文字焼きの赤

当時の日本映画の水準の高さ

映画が娯楽の中心にあり、絶頂期（１９５８年）に差し掛かる頃に制作された本作品を見ると、その水準の高さが判る。田中澄江の細やかな脚本、大映京都の技術水準の高さを示す実験的だが奥深いカラー映像、作品のために染め上げた着物等の見事な衣装や美術、主役を支える芸達者な脇役（東野英治郎、小沢栄、阿井美千子、山茶花究、川崎敬三）、そして吉村監督の丁寧な演出で完成度の高い作品になっている。今よりはるかに多作だった時代に、映画人の誇りを持って、時間とお金をかけて制作していたのである。

●作品鑑賞●

総評

京都が日本の美を代表する都というイメージは、今も内外から認められているが、京都で生まれ育ち、京都の美を熟知した名カメラマン宮川一夫と最も着物が似合う女優の山本富士子とで、京都を背景に真の日本美に溢れた鮮烈なカラー映像で描く、思いを秘めた大人のラヴ・ストーリーの傑作である。

宮川一夫のカメラ

『羅生門』で世界を驚かせた彼は、本作品について次のように語っている。

い炎に照らされて結ばれた。

突然竹村の娘が訪ねて来て、竹村の妻が長く病気に臥していることを聞き、きわは動揺した。別れねばならない別離の気持ちと逢いたい思慕の気持ちの相克に悩んだきわは、竹村を訪ねた。二人は白浜温泉に行ったが、竹村は妻危篤の連絡を受けてあわただしく帰って行った。竹村の妻の告別式に焼香に行ったきわは、別れる決意をし、竹村との連絡を絶って仕事に打ち込んだ。

4月になり、訪ねてきた竹村は思い出の宿で求婚するが、きわは、「不幸な人の死を喜び、自分だけが幸せになるなどという気持ちを自分に許すことは出来ない」と毅然と告げ、戸惑う竹村に別れの握手を求めて去った。

新緑のメーデーの日、京の町に歌

「黒白のリアルさは、出来上がった画面のリアルさですが、カラーでは、本当に物その物のリアルさです。『夜の河』では、イーストマンカラーの特色を生かして、全体をブルー調で通しました。一つの色で全体の基調を統一する場合は、衣装も美術もそれに合わさなければ困るのです。『夜の河』の成功は衣装によるところが多いでしょう」

（「キネマ旬報」1957年下旬号）

このことを考慮して私が今回見直して感心した場面を挙げてみる。

●各場面で主人公が着る着物の季節と心情と考慮した配色。
●染物の仕事場で、染めている赤や青だけに絞った映像（色が浮かび上がる）。
●二人が出会う場面のネクタイと手提げを同じ緑色で統一。
●顕微鏡から覗いた猩猩蝿の緋色の鮮やかさとこれをモチーフにした着物の美しさ。
●夜汽車の窓の外の闇を過ぎ行く灯りに主人公の心情を重ねる（この場面は絶賛）。
●蛾が入るので消した電気で暗くなった室内を、大文字の赤い火だけで撮影した技術。

吉村公三郎描く女性像

『暖流』（39）以後、メソメソしない、知的で美人でしっかり者の自立した女性

声が響き、これを耳にしたきわは、仕事場から2階に上がり、古い京の街の屋根の下で赤い旗が揺らめくのを見て、伝統ある京都にも時代の新しい波が押し寄せているのを感じた。そして自分は、その中で、伝統を守りつつ生きていく決意を秘めて赤い波のような旗を見つめていた。

を描いた。本作品の主人公もこのタイプで、毅然として別れて行く場面でこれが良く表れている。ただ、ラストのメーデーのデモを見ながら新しい時代を感じつつ、仕事に生きる気持ちを表現した場面では、赤いカラーの力に引きずられ過ぎて、私にはあまりピントこなかった。

山本富士子について

18歳で第1回のミス日本に選ばれ、3年後に大映に入社、演技より美しさを強調する役が多かったが、衣笠貞之助監督に演技を仕込まれた。『夜の河』には京都弁を話せることもあり、24歳で（主人公は30歳）出演、恋に身をやつしながらも、伝統の染物の仕事を選んで自立していく女性を見事に演じた。

以後は美しさと演技力を備えた大女優になっていった。特に他社出演でいい仕事をした（『彼岸花』『暗夜行路』等）。小津監督のカラー映画『彼岸花』（58）では京都弁を話す明るい女性を演じたが、そのバラのような艶やかさに松竹の美人女優（田中絹代、有馬稲子、久我美子、桑野みゆき）は圧倒されていた。

他社での仕事の選択で大映とこじれ、1963年にフリーになったが、5社協定で映画界から追放され、以後は舞台女優として活躍している。

見事な音と映像の組み合わせに陶酔させられる甘美な愛の世界

男と女

1966仏

●追憶●

クロード・ルルーシュ監督が音と映像を組み合わせ、新しい感覚の映像美に溢れた『男と女』を取り上げてみる。

初見時

私は入社1年目で、仕事を覚えるのに忙しくて映画からは遠ざかっていたが、友人に誘われて、少し贅沢だが銀座のロードショウ館で見た。館内は若い男女で満員、モノクロとセピア調のカラーを効果的に使った美しい画面に甘美なボサノバ調の主題曲が流れると、過去を断ち切れない大人の男と女の恋の切なさが迫ってきて、館内の女性からため息とすすり泣きが伝わってきたことを覚えている。平凡なストリーなのに、音と映像で感覚的に観客に訴えてくるのが、これほど鮮やかに決まった作品は珍しく、それが新鮮な驚き

●作品紹介●

1．スタッフ

監督：クロード・ルルーシュ
脚本：ピエール・ユイッテルヘーベン
　　　クロード・ルルーシュ
撮影：クロード・ルルーシュ
音響：フランシス・レイ
詩・歌：ピエール・バルー
出演：アヌーク・エーメ
　　　ジャン・ルイ・トランティニャン
　　　ピエール・バルー
　　　バレリー・ラグランジュ
　　　シモーヌ・パリ

を与えてくれた。また、ロマンティックな情感だけでなく、オートレースの場面でのドキュメンタリータッチの迫力にも感心した。何故こんな映画が出来たのかの疑問を持ったが、ルルーシュは、監督だけでなく製作、脚本、そして自ら撮影から編集まで担当していたことを知り（レースでは車に同乗して撮影）納得した。この新鮮な感覚は、世界でも認められ、カンヌ映画祭グランプリ、アカデミー外国映画賞を受賞、興行も世界的に大ヒットした。日本でもこの作品の人気は高く、名画座では客の入りが悪くなると本作品を上映し、常に満員になるので繰り返し上映され、私もその後2度見ている。

●再会してみて●

映像の新鮮性

●全体に望遠を多様化、バックをぼかした顔のアップが多い。

●モノクロ、カラー、セピア調の使い分けが効果的、トーンを変えて物語の単調さを補う。特に冬枯れのドーヴィル海岸は、背景（駆け回る犬、老人、一斉に飛び立つ鳥）を効果的に使い素晴らしいムードを現出。

●全身を撮らずに手や顔のアップだけのベッドシーンもいいが、ドッキン、

カラー・モノクロ　スタンダード
103分
カンヌ映画祭グランプリ
アカデミー外国映画賞
1966年キネマ旬報ベストテン
第5位

2. 物語

映画のスクリプト・ガールをしているアンヌ（エーメ）は、映画のスタントマンで歌手でもある夫を目前の事故で失っていた。

日曜日に彼女は、北フランスの海辺の街ドーヴィルの寄宿学校に預けてある娘のフランソワーズに会いにやってきた。長居してパリ行きの列車に乗り遅れた彼女を、やはり預けた息子アントワーヌに会いに来たジャン（トランティニャン）が声をか

ドッキンと心臓の音だけを伝えるのが斬新。

印象に残っている場面

●冒頭はまずカラー画面で、娘に語りかける女、赤いムスタングに息子を乗せている男、二人の出会いを予感させてモノクロに切り替える。男が女を送る車中の顔のアップだけの会話。

男「結婚は?」(女は答えず)

女「あなたは?」「独身みたい」(男答えず)

男「何故?」

女「……」

男「ご主人の仕事は?」(女答えず、憂いの表情)

ここから画面はカラーに変わり、亡夫との幸福な日々の描写へ。流麗な画面展開である。

●ラストシーンの処理。男が待つプラットフォームで別れを宣言した女と抱き合う。画面の背景が白くなり、二人を古い写真のように映し出す。過去を引きずった二人がこれで幸せになれたのか、それとも一時の甘美な愛の記念なのかは私には判らなかった。

●友人も私も女性には「指銜え組」(もてる男を羨ましく思いながら指を銜え

け、赤いムスタングで送ってくれた。パリへの車中でアンヌは、詩人でサンバの歌手でもある夫ピエール(バルー)について話し続けたので、ジャンはピエールが生きているものと思っていたが、別れ際にジャンは再会を求めた。

スピード・レーサーのジャンは、世界選手権の準備に追われていたが、アンヌの面影が忘れられず、誘いの電話をかけた。ドーヴィルの日曜日、ジャンとアンヌに二人の子どもとでまるで家族のように食事をし、釣り船に乗って沖に出かけ、冬の海岸を散歩した。笑い声で遊ぶ子どもの様子に、二人は静かで平和な愛情が通い合っていることを感じた。パリへ戻る車中で、アンヌがジャンの妻バレリー(ラグランジュ)のことを聞くので、ジャンは、ル・マ

て見ている)だったので、亡き夫の幻影から逃れられない女に拒絶され、落胆して車中で呟く男の言葉に二人とも共感した。「女の気持ちはわからない。おそらく一寸変わった亭主だったのだろう。イカレタ奴だったに違いない。その手合いがもてるんだ。そんな奴だったのさ。たぶん……。おしどり夫婦だ。似合いのカップルだ」

●作品鑑賞●

総評

音と映像の組み合わせを、斬新な映像感覚を持ったクロード・ルルーシュ監督が、モノクロとカラーを使い分けて自ら撮影も担当した大人の甘美な物語。すべての状況は、この陶酔させられる映像に奉仕させられるように設定されている。例えば、主人公の男の職業はレーサー、息子が一人おり、自分のレース事故のショックで自殺した妻の幻影を引きずり、女は映画のスクリプトガールで、目前で事故死したスタントマンの夫との思い

ンの24時間レースで命を落としかけたジャンの事故のショックで妻が自殺したことを告げた。アンヌの家の前で二人は、二人の愛が続くのか、激情に身を任せていいのか躊躇っていた。

モンテカルロの過酷なレースが終わった時、ジャンはアンヌから「ブラボー、アイシテイマス。アンヌ」という電報を受け取った。彼は、アンヌへの激しい慕情を抑えられず、すぐに汚れたレース・カーの白いムスタングで必死にパリへ向かった。車中で彼は、アンヌへの対応をあれこれ考えながら運転していたが、着いたパリにはアンヌは居なかった。ジャンは、再び車で彼女のいるドーヴィルまでモンテカルロから6000キロの道程を走った。

アンヌは二人の子どもと冬枯れの

出から抜け出せない。そんな二人を、互いに子どもを預けた寄宿学校で出会わせ、近くの冬枯れのドーヴィル海岸での子どもを交えた逢瀬で心を通わさせる。台詞は少なくし、シャンソン、ボサノバ、サンバの歌詞の中に互いの思いを込めさせている。色調を切り替えて使い分けるという細かい技巧で単調な物語に独特のムードを与えている。

双葉十三郎さんの的確な批評を紹介させて頂く。

「(略)クロード・ルルーシュ監督は、このオトナの恋愛心理劇を、モノクロームとセピア調カラーとを巧みに使い分けた美しいムードの映像とフランシス・レイの素晴らしい主題曲を生かしながら繊細に描いていく。アヌーク・エーメがとても美しい。男と女の関係を色事というが、ナルホド素晴らしい色じゃね」

(「ぼくの採点表」トパーズ社)

音楽について

一度聴いたら忘れられない、甘美だがもの悲しい「ダバダ、ダバダバダ…」を作曲したフランシス・レイは、これが初めての映画音楽で、以後ルルーシュ作品(「白い恋人たち」「愛と哀しみのボレロ」等)だけでなく多くの作曲をしている(「ある愛の詩」等)。

彼は、アコーディオニストだったが、本作品で女の亡くなった夫を演じ、サ

ドーヴィルに居たが、ジャンの車を見て灰色の砂浜をよろめきながら駆け寄り、二人は強く抱き合った。その後二人は、激情に身を任せてドーヴィルの安ホテルのベッドの中で抱擁し、二人の愛は完結されたかにみえた。しかし、結ばれる直前にアンヌは、脳裏に夫の幻影が割り込み彼女の顔は恍惚から急激に醒めていった。二人は黙々と服を着て、空しい悲哀だけが残り、アンヌは「夫はまだ私の中で生きている。パリへ帰り

ンバ等の歌詞と歌も担当したピエール・バルーと知り合い、ルルーシュ監督に推薦したことが幸運をもたらした。主題曲は恋の高まりを伝えるのに効果的だが、サンバやシャンソンも映像とマッチしてムードを盛り上げている。本作品の音楽は、2010年に評論家や作曲家が選び、キネマ旬報社が発表した「映画音楽が心に残る映画」では見事にベストワンに選出されている。

俳優について

アヌーク・エーメは、アップも美しいが、しっとりした情感を漂わせながら、心の揺らぎを見事に表現している。彼女はこの作品で亡き夫を演じた才人のピエール・バルーと本当の夫婦になった。ジャン・ルイ・トランティニヤンは、レーサーという過酷な仕事をしながら息子をかかえた男やもめで、女にはやや頼りない男を実に魅力的に演じている。子ども二人の自然な演技もいい。また主要な登場人物の名前を、演じる俳優の名前と同じにして、役に感情移入し易いという配慮もしている。

ルルーシュ監督について

28歳のルルーシュは、製作、脚本、撮影も担当し、六人の少数スタッフで、たった3週間で撮影してしまった。彼は、「人間のパッションの持続力は3～4週間」と述べ、感覚型の彼の特質を、最も鮮やかに発揮して、音と映像に触

ます。列車で」と言い、駅でジャンと別れて去った。しかしジャンは、再び抑えられぬアンヌへの思いに、雨中を乗換駅まで先に車を走らせ、プラットホームで彼女を待った。到着した列車の最後から降りたアンヌは、ジャンを見て、驚きと喜びをひとつにして駆け寄り、寒さの中で二人はひしと抱き合うのだった。

発力を持ったこの作品を完成させた（キネマ旬報社「ヨーロッパ映画200」品田雄吉さんの評）。同じ年にグルノーブル冬季オリンピックのドキュメント映画『白い恋人たち』を、やはり印象的なフランシス・レイの音楽を用いて、繊細な映像センスで描いた詩的作品も発表した。しかし、映像派の弱点と言われる、感覚に頼ってドラマとしての構築力（脚本重視）の弱さから、本作品に持てる才能の総てを注ぎこんだのかのように、以後印象に残る作品はなく、通俗的作家と見做されるようになってしまった。１９８１年に代表作とも言われる大作『愛と哀しみのボレロ』でも、ラヴェルのボレロを使って欧米の現代史を音楽とバレエで描いたが、ドラマの構築力が弱くて、私には退屈な作品だった。１９８６年、20年ぶりに主演の二人を使い続編の『男と女Ⅱ』を発表したが、哀れな作品になり、興行も不振に終わった。

高度成長を先取りし
毒気もある痛快なサラリーマン喜劇

ニッポン無責任時代

1962 日本

●追憶●

1960年、安保騒動の終息後に登場した池田首相は、所得倍増計画を掲げ東京オリンピックをひとつの指標として、国民の生活環境を変えていく高度成長路線を走り出した。この政治の季節から経済の季節への変化で、急激に忙しくなった一般会社員の生活や意識も大きく変わっていった。そんな時代の空気の中で会社というタテ社会を皮肉に捉え、植木等の扮する会社を利用して楽して儲ける男の登場は新鮮で、大ヒットした作品を取り上げてみる。

初見時

私がこの作品を見た時の印象は鮮明である。冒頭、植木扮する派手な背広で飲んでいる男が、会社乗っ取りの話を小耳にはさみ、丁度飲んでいた乗っ取られる会社の総務部長に接して、飲み代を押しつけて社長の自宅を聞き出

●作品紹介●

1. スタッフ

監督：古沢憲吾
脚本：田辺靖男
松木ひろし
撮影：斎藤孝雄
音響：神津善行
出演：植木等
ハナ肇、谷啓、田崎潤、清水元
由利徹、重山規子
中島そのみ

カラースコープ　86分

す。すぐに自宅に行き、奥さんから翌日の葬儀に行くことを聞き、その家の息子の前で「どんと節」(「サラリーマンは気楽な稼業ときたもんだ」)をウクレレで歌う。下宿で「スーダラ節」を歌いながら大家に背広を借りて葬儀場に行く。そこで郷土の先輩の遺言を社長に伝えて信用させ、総務部員に採用されて総務部長をアッと言わせる。ここまで僅か10数分、歌い踊りながら動き回る無責任男の予想もつかない行動に観客はア然としながら爆笑、場内は大湧きだった。

従来の東宝のサラリーマン喜劇は、女好きの森繁社長の下で、加東大介、三木のり平、小林桂樹などの部下が、会社のため一丸となって働き、このタテ社会の枠の中で醸し出す無邪気な笑いだった。

しかしこの作品の主人公は、タテ管理組織を逆に利用し、出し抜き、ゴマ擦り、調子良く、やりたい放題で自分の欲望を貫徹していく新しいタイプで、これには皆驚かされた。仕事中心のサラリーマンを嘲笑するような風刺コメディは新鮮だったが、一般サラリーマン、経営者、組合活動まで毒気をもって茶化されているので不快感を持たれるはずなのに、自分達に出来ない行動をする植木の明るいキャラクターと歌い踊るスピーディーな演技、これを生かした演出が、かえって爽快感を与えて予想外の大ヒットとなり、時代を反映

2. 物語

バー「マドリッド」で、派手な背広を着て一人で飲んでいた平均(たいらひとし　植木)は、太平洋酒という会社の乗っ取りの話を耳にし、翌日、社長の氏家(ハナ)に葬儀場で氏家の同郷の先輩の名を使って近寄り、その足で会社を訪ねて総務部勤務になることに成功した。平は初めての仕事で、大株主の富田の買収に成功したはずだったが、乗っ取り屋黒田(田崎)の画策で、黒田が富田の株を手に入れたことが分かりクビになった。平は、今度は黒田に太平洋酒の会社の情報を教え、黒田の社長就任パーティと歓迎の宴での接待の巧みさで渉外部長に返り咲いた。しかし、黒田の裏には山海食品社長の大島(清水)がいて、太平洋酒は山海食品の子会社になり、社員は落胆し、

する作品として残ったのである。

●再会してみて●

当時、人気絶頂だったクレージー・キャッツ出演の映画は各社で製作されたが、何故、本作品だけが時代を越えて今見ても楽しめるサラリーマン喜劇として古典化されたのかを考えてみた。従来の映画は、会社組織が個人を抑圧するのを悲劇的に描くか、終身雇用制では会社と個人の人生とが一体化されているとして、その中で生じる悲哀や笑いを喜劇的に描いていた。

個人が自分の欲望のために会社を利用するという着想を、脚本、演出、植木の演技（ドラマの流れに溶け込んだ歌と踊り）が一体となってこのユニークな作品を生み出し、その後のバブルも予見して時代と共に作品も成長していったともいえよう。新しい視点でのギャグは豊富で新鮮であり、今も通じる人間の弱さをも浮き彫りにして、本来あり得ない主人公の行動の方がリアルに見えてくるから不思議である。

例をあげると

●タイトルの色の配列が滅茶苦茶（無責任）で、歌も交えて10数分で主人公を紹介し、その破天荒な行動を、今の120分を超すダラダラな映画と違い、

総務部長（谷）は辞めると言い出し、平と氏家が慰留して思い留まらせた。調子よく出世した平の下宿に女給京子（中島）や芸者まん丸（団）、社長秘書愛子（重山）が訪ねてきて恋のサヤ当てを演じた。

親会社の山海食品社長の娘洋子（藤山）と氏家の息子（峰）は恋仲で、二人は駆け落ちしていて、他の縁談を進めていた大島と黒田は困惑していた。黒田は平を排除するため、懸案の北海物産との取引という困難な仕事を命じた。平は、北海物産の女好きの社長石丸（由利）を、酒やゴルフや女、部下も動員した様々な手段で攻略して取引を成功させた。しかし、そのやり方や金の使い方を問題にされてまたクビになった。だがしぶとい平は、娘のことで悩んでいた大島に、洋子の居場所の情報と引き

僅か86分で駆け抜け、ラストも「日本無責任時代」というタイトルで締めくくる鮮やかな演出。

●前社長の義理もあり、乗っ取られた会社は辞めるという総務部長に、無責任な主人公が「妻子のことを考えろ、サラリーマンは辞表を出したら終わりだ」と慰留し、クビになり家で鬱鬱としているワンマンだった前社長もこれに同調する。

●組合は世話になった社員の植木がクビなっても保身のために擁護はしない。この対応に好意を寄せる秘書は怒る。

●宴会の席で「はいそれまでよ」の歌と踊りで認められ部長に昇進するが、従来の映画では森繁社長以下は会社の顧客サービスで毎回宴会芸を披露しており、これを皮肉っている。またハナ社長夫人には同じ久慈あさみを起用しているのも笑わせる。

●最も驚いたのはラストで、この無責任男はクビになった会社の取引先の社長として登場、商売上は取引で支援し、前社長も復帰させてやり、好意を持ってくれて世話にもなった秘書との結婚を宣言するという、無責任どころか何とも責任ある行動で観客を安堵させて大ヒットに導くという興行上の配慮までされていたことである。

換えに氏家元社長の復権を迫った。

またまた状況は逆転、氏家家と大島家の結婚披露宴に、突如タキシードで現れた北海物産社長は平だった。驚く皆を尻目に、彼は自分と秘書の愛子との結婚を告げるのだった。

【スーダラ節】

（青島幸雄作詞、萩原哲昌作曲）

一.
チョイト一杯のつもりで飲んで
いつの間にやらハシゴ酒
気がつきゃホームのベンチでゴロ寝
これじゃ身体にいいわきゃないよ
分かっちゃいるけどやめられねぇ…

二.
ねらった大穴見事にはずれ
頭かっと来て最終レース

●作品鑑賞●

総評

高度成長に向かう時代の流れの中で、サラリーマンの価値観を否定し、会社を利用して自分のことだけ考え、調子よく出世していく植木等が演じる無責任男を主人公にした毒気もある新しいサラリーマン喜劇の快作。歌と踊りを交えて軽やかに演じた植木はこの作品で時代のヒーローとなっていった。

脚本について

この破天荒な脚本を書いた田辺靖男は、以前に逆の発想で、会社生活を地位の上下を問わず人生の一部として、上下の融和をベースとした森繁久彌主演の社長シリーズの第一作『へそくり社長』（56）を書いている。彼は「組織第一というのが嫌で、出世しないのも貧乏が悪いのも、社会が悪いという風潮への反発ですね。弱いサラリーマンでも、自分の意識革命によってここまで出来るのだということを表現したかった。（略）僕の作品としてテーマが明確なのはこれだけです」（田山力哉著「日本娯楽映画史」教養文庫）と述べている。会社の要請によって多くの脚本を書いた田辺さんは、自分の考えでテーマを明確にしたこの1本で、時代を象徴する映画史に残る作品（映画検定テキストで見るべき映画100本に選出）となったので、以て瞑すべしと言えるだ

気がつきゃボーナスァ
すっからかんのカラカラ
馬で金儲けした奴ぁないよ
分かっちゃいるけどやめられねぇ…

三.
一目見た娘にたちまちホレて
よせばいいのにすぐ手を出して
ダマしたつもりがチョイとだまされた
俺がそんなにもてる訳ゃないよ
分かっちゃいるけどやめられねぇ…

ろう。

「スーダラ節」等の挿入された歌について

本作品には植木等が唄う6曲（青島幸雄作詞、萩原哲昌作曲）が挿入されているが、「こつこつやる奴ぁ、ご苦労さん」（無責任一代男）一曲だけが調子良く無責任な主人公の姿を唄っており、他は全て組織に締め付けられるサラリーマンの悲哀を面白おかしく唄ったものばかりである。採録すると

「学校出てから10余年　今じゃしがないサラリーマン　課長、部長にペコペコと　下げた頭が5万回」（5万節）

「サラリーマンは　気楽な稼業ときたもんだ」（どんと節）

「（略）てなこと言われてその気になって　女房にしたのが大間違い」（はいそれまでよ）

私にはナンセンス・ソングのお手本と言われ、人間の三大欲望「飲む」「打つ」「買う」をテーマにして大ヒットした「スーダラ節」に最も感心している。

一番の歌詞は

「チョイト一杯のつもりで飲んでいつの間にやらハシゴ酒　気がつきゃホームのベンチでゴロ寝　これじゃ身体にいいわきゃないよ　分かっちゃいるけどやめられねぇ……」

で、一般サラリーマン（庶民）の軽い気持ちで手を出し、深みにはまり、ひどい結果になり、反省しているがやめられないという行動を巧みに表現している。真面目な性格の植木は、こんなフザケタ歌詞を唄うのを躊躇したが、僧侶である父親に「分かっちゃいるけどやめられない」は、人間の矛盾をついた真理で、親鸞の教えに通じると言われて唄ったそうである。

庶民の行動の面白さだけでなく悲哀とそういう人の弱さを愛情も込めて表現し、いわゆる「おかしみ」の域にまで達していたのが広く受け入れられた理由だと思う。歌と踊りがドラマを停滞させるどころか、こんなにリズミカルに溶け込んでいたのは珍しい。

その後の流れ

作品の思わぬヒットで無責任シリーズとして引き続き制作されたが、作品としての毒気があったのは本作だけで、植木の人気を頼りとした通俗的喜劇になってしまった。また別に『日本一の色男』を始めとした「日本一」シリーズも誕生、両シリーズとも東宝のドル箱になり、植木は時代を代表するコメディアンになっていった。

高度成長後の１９９０年代からの土地や株が暴騰したバブル期には、日本の成長を支えた「生産活動」から、情報を利用して物を取引するという「非生産活動」で要領よく儲ける風潮が広まり、地道な仕事の仕方を軽視する（こつこつやる奴ぁ、ご苦労さん）という正に無責任な男を輩出した。その後の崩壊を考えると、本作品の先見性には毒気だけでなく苦さも含んでいたのである。

ウィリアム・ワイラー監督にみる人間信頼

ローマの休日
大いなる西部

1953 米国
1958 米国

●追憶●

巨匠にして名匠

スケールの大きな骨太の大作を作る優れた映画監督は、巨匠という敬称で呼ばれている。日本では何といっても黒澤明、英国ではデーヴィット・リーン、伊ではゲルマン三部作という大作のあるルキノ・ヴィスコンティ、仏にはこのタイプはいない。米国ではまずジョン・フォード、娯楽映画のセシル・B・デミルとサスペンス映画のヒッチコックがいる。そしてもう一人、巨匠にして名匠と言われていたのがウイリアム・ワイラー監督である。『ベンハー』（59）のような超大作から、人間を厳しく見つめた『偽りの花園』（41）『必死の逃亡者』（55）のようなサスペンス、世代を越えて愛された『ロー

●作品紹介●

1. スタッフ

『ローマの休日』

監督：ウィリアム・ワイラー
脚本：ダルトン・トランボ
（赤狩りで追放されたのでイアン・マクラレン・ハンター名義）
ジョン・ディントン
撮影：フランク・F・プラナー
音響：ジョルジュ・オークリック
出演：グレゴリー・ペック
オードリー・ヘップバーン
エディ・アルバード

マの休日』（53）のようなロマンティック・コメディもあり、どんな題材でも名作に仕立て上げる正にこの敬称に相応しい監督である。ハリウッドの赤狩りで、密告という忌まわしい状況を嫌悪して、リベラル派のグレゴリー・ペックや新星オードリー・ヘップバーン達とローマで撮ったメルヘンのような珠

玉の作品『ローマの休日』と、東西冷戦時代に非暴力主義を前面に打ち出した格調高い西部劇大作『大いなる西部』（58）の2本を取り上げワイラー監督の願う人間信頼の大切さについて考えてみる。

初見時に感じたこと

既にあらゆる層から愛されて大評判になっていた（封切した日比谷映画では、満員の観客がドッと笑うと、そのどよめきで再三「火事」と間違った）『ローマの休日』は、兄と名画座で見た。場内は満員、王妃に扮したヘップバーンの妖精のような美しさ、上品な笑いや心が和むシーン、ローマの魅力的景観に観客は酔いしれ

モノクロ・スタンダード118分
アカデミー女優主演賞（ヘップバーン）
1954年キネマ旬報ベストテン第6位

『大いなる西部』
監督：ウィリアム・ワイラー
脚本：ジェームス・R・ウエッブ
　　　サイ・バートレッド
撮影：フランツ・F・プラナー
音響：ジェローム・モロス
出演：グレゴリー・ペック
　　　チャールトン・ヘストン

ていた。特にラストの記者会見は、身分の違う二人（王妃と記者）が結ばれぬ恋の結末の別れの悲しい場面であるはずなのに、二人の互いに相手を思いやる気持ちが伝わり私も観客の皆も何故か「これで良かった」という安堵感を覚えたことと、ローマの一日の体験で、人間的に成長したヘップバーンの王妃の凛とした態度とペックの暖かい眼差しに幸せな気分になってしまったのである。剣道が有段で硬派の兄も美しさと幸せを感じさせる不思議な映画だと言っていた。

『大いなる西部』は、高校生の時に近所のお兄さんや弟と西部劇の3本立ての中の1本だった。西部劇はドンパチ主体の活劇を期待していたのに、この作品はその面では物足りなかったので皆何か難しいと不評だったが、私は違う印象だったので黙っていた。私は、西部を舞台としているが、そこに展開される人々の葛藤のドラマで、非暴力主義を貫きながら，いざという時は堂々と戦う東部の男のカッコ良さと大西部のスケールに圧倒されてしまっていた。特に早朝の二人の格闘をロングや俯瞰でとった場面は圧巻で、数ヶ月後に見た裕次

ジーン・シモンズ
キャロル・ベーカー
バール・アイブス
チャールズ・ビッグフォード
チャック・コナーズ

カラースコープ　166分
アカデミー男優助演賞（アイブス）
1958年キネマ旬報ベストテン第1位

2．物語

『ローマの休日』

親善旅行中のアン王女（ヘップバーン）は、連日の公式スケジュールに疲れていた。

ある晩、鎮静剤を飲まされていたが、宿舎から脱出してローマの街へ抜け出した。行く当てもなく公園でウトウトしていたところを、通りか

郎映画に真似されていた(記憶では『山と谷と雲』)。

●再会してみて●

私は両作品とも何回も見ており、その都度幸せな気分になり、また勇気付けられる。『ローマの休日』は、70歳以上の人の鑑賞率(TV、ビデオも含む)は70%以上で、私の講演の題材に何時も採用している。

●作品全体を覆う品格

『ローマの休日』(以下【R】)で二人が一夜を明かしたアパート(下宿)での描写。

若い男女が同じ場所で一夜を過ごせば危険な場面になる可能性もあるが、王妃が目覚めて、自分がパジャマでいることに気付き、驚いて布団に手を入れて身の安全を確認してホットする。記者が「何か失くしましたか?」(微妙なセリフ)と聞くと、安心して改めて笑顔で朝の挨拶をする。二人の俳優の清潔さもあり、ファンタジーでもしっかりリアルさも入れても品位を失わないワイラーの演出である。またこの場面でのパジャマ姿のヘップバーンの硬質な色気と美しさにはウットリする。

河岸の乱闘の場面で、連れ戻しにきたシークレット・ガードマンが河に落

かったアメリカ人記者ジョー(ペック)が心配して自分の下宿に連れ帰り、寝台に寝かせてやった。不安なアンを安心させ、出社したジョーは、娘が失踪した王女と知り、親友のカメラマンのアーヴィング(アルバード)と下宿に戻りアンを尾行した。髪をショート・カットにし、楽しそうに街へ出てきたアンを、ジョーは市内名所に案内し、アーヴィングは写真を撮りまくった。スクーターに乗ったりして自由な時間を楽しむ二人は、夜の河畔の舞踏会に行くが、そこで連れ戻しにきたシークレット・ガードマンと大騒動になる。河に飛び込んで逃れた二人は、いつしか心が通い、互いの思いを秘めて抱き合った。しかし、二度と会えることはないことが分かっている二人には別れしかなく、ジョーは「後を追

とされると王妃は浮輪を投げてやる等の上品な笑いを誘う場面が多い。『大いなる西部』(以下【B】)では、裕福な牧場主より貧しい牧場主の方がフェアーな生き方で矜持を失わない。また勇気は人に見せるものではないが(荒馬は一人で乗りこなす)、名誉を守るためには誰もいない早朝、牧童頭と殴り合いをして力は示す。

●明るい冗談は信頼関係を高める

【R】身分を隠した二人のローマの名所「真実の口」(嘘をつくと引き込まれる)での場面。王妃は怖くて手を入れられず、記者が入れて手が引き込まれる。王妃は慌てて記者に飛びつき引き留めるが、これが冗談と分かって怒り、記者に抱かれて二人の間は急速に近付く(この場面で手が吸い込まれることをヘップバーンには教えなかったので本当に驚き、迫真の演技になったそうである)。

【B】水源地の持ち主ジュリー(シモンズ)の牧場を訪れたマッケイ(ペック)は、二人で怖い話をする。ジュリーの怖い話で気絶した振りをして水をかけられると起き上がり冗談と分かる。ここから二人の信頼関係が生まれて、両牧場対立の種の水源地を、両方に平等に使わせるという条件でマッケイは譲り受ける。

わないで」と頼むアンを黙って見送るしかなかった。翌日の記者会見でジョーは、「友情を信じます」というアンに「王女様の信頼が裏切られることはないでしょう」と応じ、二人は一瞬目を合わせて握手して別れを告げ合い、アーヴィングは撮影した写真を全てアンに手渡した。会見後、ジョーはこみ上げる思いでその場を立ち去りかねているのだった。

『大いなる西部』

東部の船乗りジム・マッケイ(ペック)は、ラダー牧場主テリル少佐(ビッグフォード)の娘パトリシア(ベーカー)と結婚するためテキサスへやってきた。牧場へ向かう途中で、対立するヘネシー牧場の息子パック(コナーズ)達から縄をかけられたりして手荒い歓迎を受けた。パトリシ

●友情の大切さ

【R】カメラマンのアービングは，折角のスクープ写真をジョーへの友情から王妃に全て渡してしまう（アービングを演じたエディ・アルバードはリベラル派で有名）。

【B】非暴力主義のマッケイを軽蔑していた牧童頭（ヘストン）は、殴り合いの後に彼の生き方を認めていく。古い世代の牧場主の死に際し、二人は一瞬顔を見合わせる。

●作品鑑賞●

総評

戦後10年を経た日本では、まだ皇室を敬う気持ちも強く、また平和を願う気持ちも強かったので、両作品とも米国より日本での評価が高い。『ローマの休日』は、オードリー・ヘップバーンという稀有の個性を持つ新星を生かしたワイラー監督の見事な演出により、爽やかな笑いの中に夢と信頼の大切さを伝える上品なロマンティック・コメディとして時代と世代を越えて愛されている。『大いなる西部』は格調高いウエスタン大作だが、人間の葛藤を堅固なドラマ構成で描き、自然の大きさという主題を浮かび上がらせる。評論家

アに思いを寄せる牧童頭リーチ（ヘストン）は、マッケイを荒馬に乗せようとしたがマッケイはこれを避け、マッケイの弱腰のような態度に西部育ちのパトリシアは苛立った。テリル少佐は、仕返しにヘネシー一家へ殴り込みをかけ、水槽に穴をあけ、暴力の限りを尽くした。そんな中でマッケイは秘かに荒馬を乗りこなしていた。婚約パーティの夜、ヘネシー牧場主ルーファス（アイブス）が単身で乗り込んできてテリル少佐のやり方を非難し、対立は深まった。マッケイは、翌日パトリシアの友人で教師をしているジュリー（シモンズ）の父の遺した牧場を訪れてジュリーと会い、対立の根となる水源地を両牧場に平等に使わせることを条件に譲渡を申し込んだ。ジュリーは彼を信用して水源地を譲った。パト

の南部圭之助さんは、「西部劇であるという意識を抜け出しているところに、この作品の高さと大きさがある」と高評価されている。

作品の持ち味

【R】は、ワイラー演出あっての作品だが、オードリーあって初めて生まれた作品と思わせるほど彼女の個性と演技は素晴らしい。明るく、美しく、気品もあるだけでなく、平凡な場面でも新鮮な魅力を感じさせる場面になるから不思議である。

また夢物語の背景としてのローマの景観も見逃せない（スペイン広場、真実の口等）。

【B】は、対立軸を明確にしたドラマ構成で（東部の男と西部の男、激しい女と思慮ある女、自己中心的な大牧場主とフェアーな小牧場主、古い世代と新しい世代等）、非暴力主義を根底にしながら抗争後は、俯瞰で撮られた大西部が若い世代の前に開けて行く壮大な未来展望を示し、自国アメリカへの信頼と希望を失ってはいない。

俳優について

オードリー・ヘップバーンは、気取らないが洗練された新しい妖精的魅力のあるスターとして登場、以後15年トップ・スターとして活躍した。晩年は

リシアとの気持ちの断絶を感じたマッケイは、牧場を出ることにするが、その前に寝ていたリーチを起こして約束の殴り合いの挨拶を申し込む。しかし長い争闘も結着はつかなかった。ジュリーはパックによりへネシー牧場へ連れ込まれ、テリル少佐側もヘネシーとの結着をつけるため大勢で押し出し、待ち受けるへネシー側と峡谷での決戦になった。ジュリーを引き取りにきたマッケイは、この争いは無意味な老人同志の私怨だと告げるが、ルーファスに危険を承知で来たのはジュリーへの思いだと見抜かれてジュリーを巡ってルーファス立ち合いでパックとの決闘となる。卑怯なパックの行動に起こったルーファスは息子のパックを撃ち殺す。ルーファスは、マッケイの言葉に目覚め、テリル少佐に二人

ユニセフ親善大使として難民救済に尽力した。

グレゴリー・ペックは、長身で品のいい二枚目として人気があったが、二枚目を軽視する評論家から大根役者と言われ続けていた。１９６２年『アラバマ物語』の黒人を擁護する弁護士役でアカデミー主演男優賞を受賞し、リベラル派で人望もあり、長く俳優協会の代表を勤め、クーパーに継ぐ米国人の理想のタイプと言われている。『ローマの休日』でもオードリーの素晴らしい素質を見抜き、引き立て役になり、タイトルの扱いを新人なのに自分と同格にするよう進言した。二人の交友も続き、彼女の死には遠方から駆け付けた。

チャールトン・ヘストンは、男性的魅力を発揮し、歴史大作の主役を務める大型スターとして活躍した(『十戒』『ベンハー』『エルシド』)。

ウイリアム・ワイラー　監督について

40余年、喜劇、文芸物、サスペンス、西部劇、歴史大作と広いジャンルの作品を発表したが、正統派の映画作りで駄作などはなく、総て1級品に仕上げる、私の敬愛する監督である。津村秀夫さんは、「時代に即応する感覚を持ち、オーソドックスな映画構成法を身につけ、基礎的なリアリズムのデッサンの

だけでの決着を呼びかけ、二人は相打ちで倒れた。今や古い西部は終わりを告げ、マッケイとジュリーは互いに見つめ合い、そして谷から去って行く先には、大西部の景観が開けてくるのだった。

堅実さが強みであった。また判り易く、大衆の心を掴み、社会主義的感情はあったが道徳に反しない限度は心得ていた」と述べている。

『偽りの花園』(41)『探偵物語』(51)など人間を厳しく見つめ、その醜い面を痛烈に描く作品もあるが、これは逆に人間同志の信頼(愛情、友情)の大切さへの願いがあるからと思われる。赤狩りや東西冷戦下で、『ローマの休日』から続く非暴力主義の三部作(『必死の逃亡者』(55)『友情ある説得』(56)『大いなる西部』)にこの傾向が表れている。しかし、アカデミー賞を三度も受賞した(『ミニヴァー夫人』(42)『我等の生涯の最良の年』(46)『ベン・ハー』)大監督も、広いジャンルの多彩な作品のため、木下恵介監督と同様に、映画作家としての個性が把握しにくく、職人監督として近年その評価を下げているのは残念でならない。同じ巨匠でも、遺作ではフォード(『荒野の女たち』(65))や黒澤明(『まあだだよ』(93))は、テーマも演出も全盛時とは力強さでは比較にならない作品になっている。ワイラーは遺作の『L・B・ジョーンズの解放』(70)では黒人差別というテーマを正面から取り上げ、リアリズムの手法で鋭く描き、その演出力は些かも衰えておらず、私は改めてその偉大さを認識したのである。

任侠路線の転換期にプログラムピクチャーとして出現した映画史に残る衝撃作

仁義なき戦い

1973 日本

●追憶●

私が感動とは別に衝撃を受けた作品は、映画と小説の違いを認識させてくれた『第三の男』（49）とこの『仁義なき戦い』シリーズしかない。

衝撃

1973（昭和48）年正月、プログラムピクチャー（公開日を決められて制作された作品）の1本として公開されたこの作品を何の予備知識もなく見た。東映の任侠映画は、勧善懲悪を基本にして義理と人情の世界を様式的に描いていたが、この作品は、時代が戦後の混乱期とはいえ、全くその逆だった。戦後の秩序を失った国土（広島）で、復員した若者達が暴力の世界に身を投じ、組を作って自らの欲望のままに生きていくが、組織の拡大は権力獲得と保身のための内部抗争を引き起こし、老獪な親分の策略で挫折し死んでいく若者

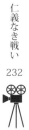

●作品紹介●

1．スタッフ

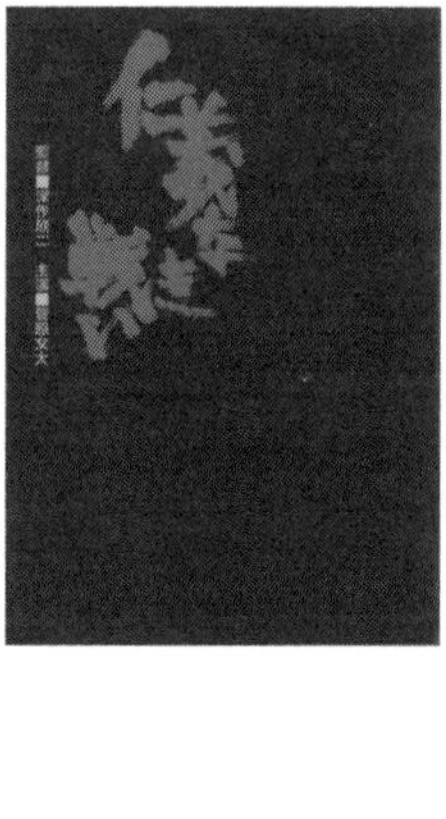

監督：深作欣二
原作：飯干晃一
脚本：笠原和夫
撮影：吉田貞次
音響：津島利章
出演：菅原文太、金子信雄
松方弘樹（4部別役）
梅宮辰夫（3～4部別役）
成田三樹夫（3部）
田中邦衛、小林旭（3～4部）
加藤武（3～4部）
渡瀬恒彦（3部別役）

達のドラマだった。スピードある展開と切れのあるアクションを目くるめく映像で見せ、広島弁を駆使して個々の人物を明確に描き分けた99分の群像劇を休む間もなく見せつけられたのである。衝撃を受けたのは、暴力場面の凄まじさというようなものではなく、組織と個人の関係を軸にして、年寄りの狡さと戦争で死んでいった若者たちの無念さも重ね合わせて描かれ、一般社会にも十分通用する全く異質のやくざ映画が誕生していたからである。衝撃を受けたのは私だけでなく、やくざ映画を軽視していた評論家も一般観客も同様で、この年のベストテンでは評論家が2位、観客（一般）で1位に選出されている。この作品の大ヒットで、抗争の拡大と収束をテーマにシリーズ化され（第二部は番外編なので除く）、第三部「代理戦争」、第四部「頂上作戦」と立て続けに公開された。シリーズ化された作品を通して見て私は、この作品は、日本映画の誇りである『七人の侍』（54）に匹敵する独自の拡がりを持った群像劇の傑作だと確信したのである。

山城新伍（3～4部別役）
木村俊恵、小池朝雄（4部）

カラースコープ
1973年キネマ旬報
1部：99分・ベストテン第2位
3部：103分
　ベストテン第8位
1974年キネマ旬報
4部：101分
　ベストテン第7位

2．物語

『仁義なき戦い』

昭和22年呉市、復員兵広能昌三（菅原）は、闇市で暴れた男を射殺して服役、刑務所で土居組若頭若杉（梅宮）と兄弟分の盃を交わす。出所した広能は仲間と山守義雄（金子）を親分に山守組を結成する。山守組は土

●再会してみて●

脚本の力（笠原和夫氏著「仁義なき戦い」の300日　シナリオ74年2月号参照）

任侠映画で優れた脚本を書いた実証的ライターの笠原和夫氏は、マンネリからの脱却を目指していた時に、抗争の当事者美能幸三氏の手記をベースにした同名の原作の脚本を依頼された。笠原氏は、数々の制約（娯楽映画としての興行価値、芸術性、費用と期限）の中で綿密な取材を重ね、自らの思いを込めて広島弁を駆使した緻密な群像劇の脚本を一人で書き上げた。彼は、様々な人物が組織の重圧と時代の流れの中で変わって行く様を描いたので、やくざ社会を背景にはしているが闇の戦後史にもなり、また戦争で死んでいった若者への哀惜の思いや弱者への暖かい眼差し（打算に走る幹部の家庭は描かず、貧しさや被爆の苦痛のある若者の家庭だけは描く）が底流にあり、作品が多面的に拡がった。名脚本家の橋本忍氏は、「作品に緊張感や深い陰影を与え

居組と対立、対立を止めようと若杉は山守組に入るが、抗争は激化し、広能は土居組長を射殺して再び服役する。若杉は狡猾な山守の密告で警察に射殺される。出所した広能を待っていたのは、かっての仲間だった若頭坂井（松方）との対立だった。山守は広能に自分を引退に追い込んだ坂井の命を奪うように命じるが、広能は失敗する。坂井は掟に反して旧友の広能を殺さず、帰宅途中に立ち寄った玩具屋で射殺される。盛大な坂井の葬儀に出向いた広能は、坂井の遺影に無念の思いを伝え、香典や花輪を銃で撃ち，叱責する山守に「まだ弾は残っている」と告げて去って行く。

第三部：代理戦争（筋が複雑）

昭和35年、広島最大の暴力団村岡

るには、シナリオライターが登場人物に明確なイメージを持つかで決る」と述べているが、この脚本は正に多くの登場人物が、その個性を明確にして時代の変化の中で生き生きと行動しているのである。

『七人の侍』の脚本は、小国英雄氏、橋本忍氏、黒澤監督という三人の実力ライターが、3ヶ月以上熱海の旅館で合宿して書き上げた共同脚本なのに比較し、笠原氏がたった一人で書き上げたことには驚嘆せざるを得ない。脚本を修正しないことを条件に監督を引き受けた深作欣二氏は、「脚本を読んだ時、眼を洗われたような思いだった。私が模索してもどうしても掴み切れなかった世界が見事に描き尽くされ、お前のやり方はこれだと突き付けられたのである」(「シナリオ」1974年)と述べている。

この作品のプロデューサー日下部五郎氏は、完成した脚本を信頼していた渡辺達人企画部長に見せたところ、渡辺さんは「これは笠原さんの書いてきた中でも凄いものだよ。ただ1点、この映画が成功するともう任侠映画は作られなくなると思う」と言われ、完成試写会後に日下部氏に手を差し出して「おめでとう、これは映画史に残るよ」と言われたそうである(「シネマ極道」新潮社)。私はこれを読み、日下部氏の作品にかける思いと上長の渡辺氏の先見性の確かさと部下への暖かさに感銘し、これは男の映画だと思った。

組の筆頭幹部杉原が白昼に広能の目前で射殺された。杉原の兄弟分の打本組長（加藤）、幹部の武田（小林）、松永（成田）、江田（山城）達は、跡目を巡って思惑を秘めた行動に出た。打本は、山守に復縁させられた広能に、神戸の大暴力団明石組との縁組の仲介を頼み、明石組幹部と盃を交わした。この行動が村岡組長の逆鱗に触れ、村岡組の跡目は山守が継承した。打本は明石組の傘下に入り、山守は武田の提案で明石組と敵対する大組織神和会と手を結ぶ。広能は山守を阻止するために動いたが、結局山守組を破門される。明石組は広能を支援し、広島への進出を図るため幹部の岩井（梅宮）を送り込み、神和会と組んだ山守組との抗争は代理戦争の様相を呈した。幹部達の複雑な動きを弱腰と感じた若者達は、先兵となって暴走し空しく命を失って

教材としての価値

公開25年後、この作品のマニア（20回以上鑑賞）杉作J太郎氏は「仁義なき戦い浪漫アルバム」（徳間書店）を出した。彼はこの作品を、「人間百科事典」（エピソード、キャラクター、そして名セリフの宝庫）と位置付けている。

●教材として活用して失敗（※P．238下段 講義資料参照）

私はこの多面的見方が出来る作品を「物の見方を考える」教材として活用した、作品のラスト6分間を見せて、「組織と個人」の関係を読み解く例として講義したが失敗した。理由は、初めて見た生徒は作品のリズミカル描写と面白さに魅了されて考える暇など与えられなかったからである。その晩は最初からの上映会となり大受けだった。

●甲子園野球の決勝戦の前日に監督は第一作を選手に見せ、気持ちを奮い立たせて見事に優勝したという嘘のような話もある。

●夥しい関連書籍の出版

公開後40年以上過ぎているが、公開時に見た人の心に印象が沈殿し、新たに魅了された若い人も多く（寅さんと類似）未だに本が出ている。例えば「仁義なき戦いＰＥＲＦＥＣＴ ＢＯＯＫ」（03年 宝島社）、「仁義なき戦いをつくった男たち」（05年 ＮＨＫ出版）「心を奮い立たせる『仁義なき戦い』の名セ

いくのだった。

第四部：頂上作戦

昭和38年、東京オリンピックを控えて、警察、マスコミ、市民社会は、暴力団に非難の目を向けはじめ、その撲滅に動き出した。広能と打本と明石組幹部岩井は、広島の岡島組（小池）に応援を求めた。呉では広能は山守組の槙原（田中）と小競り合いをしており、組の子分が射殺されたので山守襲撃に立ち上がった。この動きを察知した警察は広能を逮捕し、広能は抗争の前面から去った。岡島も殺され、劣勢になった広能・打本連合の若者達は暴走し出し、武田も広島やくざを大同団結させて明石組に対抗、抗争は泥沼化し出したので、遂に警察は幹部の一斉検挙に乗り出す。広島やくざ抗争は終わり．収監

リフ」（14年　双葉社）等10数冊はある。

●名セリフ

広島弁の下品な言葉を芸術にまで持ち上げた（日下部氏）とも言われているが、印象に残るセリフに溢れている。最も有名なものを一つだけ紹介する。狡猾な親分の仕打ちに激怒した若頭が造反して乗り込み凄むセリフ「親父さん、言うとったるがのう、あんたは初めからワシらが担いどる神輿やないの。組がここまで大きうなるのに、誰が血流しとるんの。神輿が勝手に歩けるいうんなら歩いてみないや。のう」この広島弁のセリフは上長に苦労しているサラリーマンの喝采を博した。

●作品鑑賞●

総評

スター中心の任侠映画を終焉させ、実録路線に切り替えさせた本作品は、東映という大衆映画中心の会社が、それまで培われていた技術を土台として娯楽性と社会性を融合させ、緻密な脚本に支えられて斬新な映像と速いテンポと印象的音楽に、群像劇として脇役に至るまでの熱演で生み出された作り手の思いの伝わる衝撃的作品である。

された広能と武田は、寒々とした裁判所の廊下で会い、山守達の軽い刑を知り、「間尺に合わん仕事をしたな」「辛抱せいや」と言葉を交わして別れていく。こうして広島やくざ抗争は夥しい犠牲者を出しながら勝者もなく空しく終わりを告げたのである。

作品の独自性について

●多角的見方のできる群像劇

◆青春物～壮年物へ（各自が年齢とともに変わり、次第に情念と打算で動いていく）

◆組織と個人の鮮やかな対比。戦争で失われた命の空しさと戦後も年寄りに支配されている悔しさ。

◆個々の人物のキャラクターが明確なので各自が誰かに自分を投影できる。

◆広島弁で放たれる心に響く名セリフが溢れる。

◆会社の要請で無理に分割して作らされた（抗争が描けないので起承転結の結がない）第三部の人間喜劇（笠原氏の弁）としての例のない面白さ。

●親分が仁義より金に執着する人間臭い面白さ

山守親分「これからの極道は銭の勝負じゃ」「渡世の金と事業の金は別だ」（ケチ）打本組長は、子分を山守襲撃に行かせながら、その情報を相手（武田）に流して見返りに無利子の借金を申し込んで呆れられる（観客も爆笑）。また「戦争よりやぁわしゃもう事業一本に絞りたい」と平気で発言する。部下に戦わせた二人は軽い罪になり、広能に「2年（山守の刑期）と7年、間尺に合わぬ

講義資料

（映画の一つの鑑賞の仕方、組織と個人の相克を描く「仁義なき戦い」のラストの6分間）

1．主題

ヤクザ社会を背景に組織と個人の関わりと青春の挫折を追う。

組織：個人の自由に対しあらゆる面で干渉する。組織を守るためには何でもする。上（年寄）は守られ、下（若者）が犠牲になる。

個人：思想、行動、あらゆる面で自由を求める。組織の束縛に不満を持ちつつそこから離れることには不安を持つ。

2．粗筋

配線で復員した広能や坂井等の若者達は、解放された自由を味わう為、

仕事をしたな」と慨嘆させる。

●ラストの無念なメッセージ

◈第三部は母親が泣き崩れる暴発して死んだ若者の葬儀の後に、敗戦と人類の愚かさの象徴としての原爆ドームを背景にして「戦いが始まると、まず失われるのは若者の命である。しかし、その死は永久に報いられることはない」というナレーションで締めくくられている。

◈抗争なのに勝者はなく、市民社会の中に埋没していく徒労と挫折感が残る印象的幕切れ。

●シリーズなのに一作ごとにスタイルを変える（第一部は組織と個人、第三部は組織中心で個人はウロウロ動く、第四部は組織も個人もバラバラで暴力が平行的に描かれる）。

人物の描き分けと俳優の演技

主な登場人物の個性と時代の変化の中での行動をする様と俳優の演技をまとめてみた。

●仁義を守り、親分山守の命に従い対立する組の親分を射殺し再度服役するが、裏切られる。山守を追い詰めるため画策するが、失敗して逮捕され、抗争から最初に姿を消す無念な役広能を菅原文太の役になりきった好演技。

暴力の世界に身を投じ、山守を頭に組を結成する。広能は組織の為に人を殺して入所、坂井は抗争の末にトップになる。出所して広能は山守の戦略に乗り、友だった坂井を殺しに行き失敗する。坂井は組織の掟として広能を殺すことになる。

3．ラストの6分間

●坂井は旧友広能を殺せず拳銃を返す。

…個人の感情が優先して組織の掟に違反

●坂井は、赤ん坊の玩具を買いに店に入る。…個人の生活に戻る

●後方から若者がつけていく。

…組織の影（画面が揺れるのは不安の増殖）

●坂井、玩具店内で射殺される。

…組織の恐ろしさと誤った青春の

●権力と金銭欲は強く、脅しと泣き落としで部下を競わせ、「若い者には知恵がない」とうそぶく狡猾な親分山守を演じた金子信雄のコミカルな怪演。
●冷静沈着で進出する大組織にも広島やくざの意地を見せるリーダー武田を小林旭が快演。
●広能への友情を貫き、中立を守り潔く足を洗う松永を演じた成田三樹夫の渋い演技。
●権力と金への執着は強いが度胸はなく、抗争の旗頭なのに仕切りが甘い組長打本を加藤武が巧演。
●山守の腰巾着で度胸はないのに偉ぶり笑いを誘う変な幹部槙原を田中邦衛が笑演。
●威勢はいい武闘派だが、あまり物事を考えない調子者の幹部江田の山城新伍の柄に合った演技。
●大組織明石組の切り込み隊長として凄味をきかせる岩井の梅宮辰夫の迫力ある演技。
●貧しい家庭出身で、名を上げようと暴走するが、途中で挫折していく若者達を演じた俳優達の弾けた演技。

末路
●組葬で山守以下年寄が並ぶ。
…一種の社葬、組織の力を誇示する儀式
●広能一人で乗り込み、形見のような拳銃で香典袋、花輪（組織の象徴）を次々と撃つ。
…個人の抵抗による組織への挑戦、友への哀悼
●広能、捨て台詞「弾はまだ残っている」を残して苦渋の表情で出て行く。
……組織からの離脱、挫折した青春の苦さを噛みしめる
●エンドマーク

（註：映画は個人の感性で見るもので、解説を聞いて見るのは推奨しないです。為念。）

『七人の侍』との比較

共通点

●緻密な脚本による明確なテーマを持ったエンターテインメントとしての群像劇。

●ダイナミックな映像とアクションの凄さ

人馬入り乱れる合戦と魅力的な剣客久蔵（宮口精二演）の創造（七）、集団の激しいアクションとストップモーションでテロップを入れる効果（仁）。

●制作に関わった人の熱気と各自が後年この仕事をしたことを誇りに思うという感慨。

●後世に多大な影響、古典化（「映画遺産200日本編」の2位と5位）、関連本の出版。

異なる点

●上（武士）と下（ヤクザ）からの目線の差、無償で闘う「志」の高さ（七）、欲望と保身と権力指向（仁）。

●多額の予算と長い撮影期間（七）、低予算と短期撮影、当初はモノクロの併映作品だったが脚本がいいのでメインに昇格しカラー化（仁）。

●若者が先輩（リーダーの勘兵衛や剣客久蔵）の背中を見て成長していく（七）。

●広能をはじめ若者も年とともに変わり打算的になっていく(仁)。

こういう比較ができるこの作品は、ヤクザ社会を背景にしてバルザックの人間喜劇を意図した面白さが伝わるだけでなく、多面的見方も広がり、時代を経ても色あせないし、年代を重ねても次の世代の中で成長していく作品である。こんな作品を残した製作者に私は敬意と羨望を禁じ得ないのである。

ひまわり

果てしなく広がる悲しみのひまわり畑
哀切だが、人の生き方を深く考えさせられる反戦メロドラマ

1970伊・仏・露合作

●追憶●

初見時

会社生活5年目、そろそろ結婚も考えていた時、この大ヒットした（年間5位）作品を女性で満員の劇場で一人で見た。映画の中程、ロシアから戻らぬ夫を捜しに単身で現地へ出かけた妻は凍土の戦場となって戦死者が眠る広大なひまわり畑を訪れる。私はその時に何処かで似たような風景を見た気がした。帰宅して私は、初夏に中学の修学旅行で訪れた東北で、芭蕉の詠んだ有名な句「夏草や　兵どもが　夢の跡」の説明を受け、眼下の夏草が茂った古戦場の風景だったことに気

●作品紹介●

1．スタッフ

監督：ヴィットリオ・デ・シーカ
脚本：チェーザレ・ザヴァッティーニ
撮影：ジュゼッペ・ロトゥンノ
音響：ヘンリー・マンシーニ
出演：ソフィア・ローレン
マルチェロ・マストロヤンニ
リュドミラ・サヴェリーエワ

カラースコープ107分
1970年キネマ旬報ベストテン第25位

付いた。私は、単純に「生」(夏草)と「死」(兵どもが夢の跡)の対比を詠んだ句として理解し、自然の悠久さを感じた記憶があった。

戦争が愛する二人を引き裂くメロドラマは、米国映画の『哀愁』(40)と『慕情』(55)が人気で、どちらかが死ぬという悲劇を美男、美女が演じた哀切だが甘美なドラマとして女性の涙を絞った。戦後イタリアのネオ・リアリスモ(現実をリアルに描く)の代表として、『靴磨き』や『自転車泥棒』等の作品で、庶民の立場からリアルな人間ドラマを描いてきたデ・シーカは、戦後25年後の作品で平凡な庶民の二人が、互いに生きていることから起こる悲劇を描いている。そこには甘美さなどなく、悲しさより生きていくことの厳しさが静かに描かれていたのである。

●**再会してみて**●

「夏草や　兵どもが　夢の跡」

私は、この句は「生」と「死」の対比として理解していたが、もっと深い意味

2. 物語

終戦間近のイタリアで出征逃れも考えて、しっかり者のドレスメーカーのジョバンナ(ローレン)と陽気なアントニオ(マストロヤンニ)は結婚した。幸せも束の間でアントニオはロシア戦線に送り込まれ、「毛皮をお土産に」と言い残して出て行ったが行方不明になった。夫の生存を信じるジョバンナは、アントニオの写真を手に帰還する兵士から消息を尋ね続け、一人の兵士から雪中を敗走してドン河で別れたという話を聞き出した。彼女は、単身でソ連(ロシア)まで捜しに出かけ、外務省の役人と同行して訪れた戦場跡は、地の果てまで続くような広大なひまわり畑だった。イタリア兵の墓標にも名はなく、生存を確信しているジョバンナは、一人で写真を持って尋ね回り、

を含んでいたことを知った。識者の解釈を引用させていただく。

「植物の旺盛な生きる意志で、はかなく惨めな人間の死を強調したこの句は、戦争という悲劇だけでなく、二度と繰り返せない人生や歴史の一大鉄則（宿命）を体感させよう。すぐれた俳句は、元禄時代に眺められた古戦場を詠ってもベトナム戦争さえも思い起こさせ、今日の我々の胸を打つ。それはこの句が生と死の対立を土台として、戦争の無益さばかりでなく、栄枯盛衰を繰り返すという人間の永遠の真理を突いているからであろう」

（鷹羽狩行氏著「俳句を味わう」新潮社）

新たな感動

　私が感動したのは、毎年咲くひまわりのような生命力と違い人間の一生は（喜びも、哀しみも、身体も）、決して取り戻せない時間を重ねて生きていく定めを背負っているという芭蕉の詠んだ句と同じ永遠の真理を描いていたからである。それは女が「愛がなくても生きられる」と告げ、互いの思いを内に秘めて生きていくことを暗示した早朝の別れのシーンに凝縮されている。この作品は単純なストーリーのためか、戦争による新派調の悲劇のような反戦メロドラマとして評価されているが、私は十七文字に込められた芭蕉の思いと共通したもっと奥深い意味の込められた作品として味わった。

遂に元イタリア兵の居る家を捜しあてた。アントニオは、雪中で倒れた彼を救ってくれた可憐なマーシャ（サヴェリーエワ）と結婚して可愛い娘と平和に暮らしていた。悲しみと怒りがジョバンナを襲い、列車で仕事から帰ってきたアントニオはジョバンナを見て驚き、何か叫びかける間もなく写真だけ残して彼女は列車に飛び乗って去っていった。ミラノに戻ったジョバンナは彼への思いを断ち切り、壁の写真を破り、彼の衣服も処分して新しい生活へと踏み出した。

　ジョバンナを忘れられずに塞ぎ込むアントニオを見かねたマーシャは、健気にも彼をイタリアへ送り出す。約束の毛皮をみやげに電話したアントニオに「もう昔とは違うわ。貴方には別の女、私には別の男」と

●作品鑑賞●

総評

　初めてソ連ロケを許されたこの作品で、デ・シーカは、死と向き合う戦争の暗い悲惨さを明るい広大なひまわり畑の陽気な黄色で描いた心に沁みる名作である（津村秀夫さんは「逆手の美」と表現）。１０７分でこんなに時の流れを感じさせるのも練達の演出力である。

印象的シーン

●冒頭の夫を捜すジョバンナの執念の凄さと出征時の笑顔の写真を見ながら寂しく一人で食事をするローレンの演技。

●回想での陽気なアントニオとしっかり者ジョバンナが底抜けに明るい陽光の中で結ばれていくユーモアに満ちた描写（誤って耳飾りを飲み込む、大量の卵で作るオムレツ）。

●雪中を敗走するイタリア兵士の悲惨さを赤色のベールを被せて簡潔に描く。

●死者が眠る広大なひまわり畑の鮮やかな黄色と夥しい墓標を彷徨うジョバンナを俯瞰で撮った悲しみが静かに伝わるシーン。また記念碑に書かれたロシアの詩人の言葉「ナポリの息子よ。なぜ君はロシアに来たのか。故郷

言われて会うことは拒否された。列車ストで翌朝まで帰れなくなったアントニオは再度電話してジョバンナを訪ねることになる（ここからラストまでの10数分の濃密な描写は、脚本、撮影、音楽、照明、俳優の演技等のスタッフの力を結集させたデ・シーカの円熟した演出力に唸らされるので詳述する）。

　雨中、稲妻が光り停電となったアパートを訪ね、暗い中で二人は会う。「暗いわ。でも私たちにはこの方がいいのね」と言われて、アントニオは「話だけだ。すぐ帰る」と言い、事情を説明し出すが、ジョバンナは「自殺しかけたわ。愛なしでも生きられるのね」と平然と言い渡す。更に「自分はあの戦争で死んだ。心の安らぎを求めただけで愛したわけではない」と言っても無言で首を振るだ

の湾に飽きたのか（後略）」も印象的。

●見つけた夫の子どもまでいる家の中での内面の絶望を押えた行動と夫と再会するドラマが高潮するはずのシーンで、ぼう然と見つめ合うが、女は一瞬にして列車に飛び乗り去って行くという意表を突かれたシーン。

●前述したこれから生きていくことの辛さを暗示した余韻のあるラストシーン。

古典として生き残る作品の共通点

驚くべき事件を描いたり、その時代（時）を反映した刺激的描写で注目され、その時は評価されても古典にはならない。やはりドラマとしての流れが自然であり、人間が深く描かれていることが大切で、この作品では下記の2点に共通性があると思われる。

●対比（対立）が明確である

本作品でも

◈陽気な男と大柄でしっかりした女と小柄で優しい女

◈明るいイタリアと重苦しいソ連（ロシア）の雰囲気

◈生（ひまわり）と死（戦場や墓標）

◈可愛い女の子と男の赤ん坊

けだった。ジョバンナのつけたローソクの灯りで見つめ合った二人。「私老けたでしょう。貴方も深い皺」と顔を撫でると、思わず激情にかられた二人は抱き合う。「一緒に行こう。もう一度新しく」と懇願するアントニオ、「子どもを犠牲にできない」と拒むジョバンナ。その時に子どもの泣き声で我に返り、電気も回復、「アントニオ」という子どもの名を聞き、「僕の名を」と聞くが、「聖アントニオの名よ」と言われてアントニオは全てを諦めるのだった。「約束の贈り物だ」と毛皮を渡されてジョバンナはここで男の気持ちが本物であることを知り思わず抱きつくが、必死にこらえて涙は見せなかった。早朝、帰る列車の窓から苦渋の表情のアントニオを見送ったジョバンナは、初めて堪えていた涙を流すのだった。画

◆暗さ（停電）と明るさ（ローソク、電気）

●前半の細かい描写が後半に繋がり、ドラマの流れが自然である。

アントニオが抱擁中に誤って耳飾りを飲み込む、代わりの品を結婚プレゼントする。二人が再会する時にジョバンナは思い出の耳飾りをするが、鏡に映る容貌を眺めて歳月の流れを感じさせる描写。約束した毛皮を受け取りアントニオの本心を知る場面。昼間に女が列車で去り、今度は早朝に男が列車で去る。

庶民を描く監督

デ・シーカ監督は一貫して庶民の立場で喜劇も悲劇も描き続けてきた。敗戦直後は日常生活の中で貧しさから生じるドラマが多かったが、後年は人間の愛情を中心とした感情をドラマ化した作品が多い。しかし戦争に対する姿勢は厳しかった。

庶民を描く監督としては日本でも小津安二郎、成瀬巳喜男と二人の監督がいる。小津監督は庶民の家族の在り方を終世のテーマとしたが、戦後の混乱の中ではその静かな姿勢が批判されたので、死んだと思った夫が生きて戻り妻は留守中に貧しさから身を売り、そこから生じる二人の葛藤という本作品に似たドラマ『風の中の牝鶏』（48）を発表した。この不向きな作品は不評で、小津監督は

面は急に鮮やかな黄色になり、大輪のひまわりを映し出し、哀切のテーマ曲が流れる中で広大なひまわり畑にクレジットタイトルが重なる余韻のある幕切れである。

元に戻り『晩春』（49）を撮り、以後はこのテーマを変えることなく名作を発表した。三人の監督に共通しているのは抑制された描写だが、小津監督の代表作『東京物語』（53）では、義父の笠智衆の暖かい言葉にそれまで気持ちを抑えてきた原節子が泣き出し、成瀬監督の『浮雲』（55）では、森雅之は離島まで自分に付いてきて一人で寂しく死んでいった高峰秀子の死に顔に口紅を付けて眺めた後に号泣する。二作品とも本作品と同じ「気持ちを抑制した後に泣く」というラストになっているのは興味深い。世の中が激しく変わる中で、庶民派の立場を貫いて数々の優れた作品を残した三人に敬服する。

陰のある中年男と若い男女が幸福を求めて
北の大地を走るロード・ムービーの代表作

幸福の黄色いハンカチ

1977日本

●追憶●

山田監督に対する親近感

私は入社以来同じ会社と関連会社で定年まで仕事を続け、時代の変化に身を置きながらその枠の中で生きてきたので、松竹という同じ会社で政策を続ける山田監督の姿勢に共感している。山田監督は、大島渚監督を筆頭にした松竹ヌーヴェル・ヴァークと距離を置き、松竹の伝統である庶民映画を、企業としての制約を受けながらも、映画作りの基本を踏まえた演出力を身に付け、戦後世代の感覚で大衆の支持を得る独自の世界観を持つ作品を生み出した。また山田作品には、「最後に帰る場所（家族、故郷）がある人は幸せ」というメッセージがあると言われている。本作品の公開時の年に、私は社宅を出て家を新築し、やっと自分の帰る場所を確保したこともあり、健さんが夕張

●作品紹介●

1．スタッフ

監督：山田洋次
原作：ピート・ハミル
脚本：山田洋次、浅間義隆
撮影：高羽哲夫
音響：佐藤勝
出演：高倉健、倍賞千恵子
　　　武田鉄矢、桃井かおり
　　　渥美清

の炭鉱の妻の元へ帰るラストに安堵して幸せな気分にさせられた印象が強い。任侠映画のスターだった健さんを刑務所帰りの同じような人物に設定しながら家庭に戻るという全く逆な結末にする着想にも驚いた（任侠物はまた刑務所に戻る場合が多い）。

ロードムービーの成功作

71年にピート・ハミルがニューヨーク・ポスト紙に発表した「黄色いハンカチ」をヒントに、舞台を北海道の原野に設定、中年男と若い男女の三人旅に

山田洋次監督の主な作品
（公開年・作品名・出演者・ベストテン順位）

- **61年　二階の他人**〈小坂一也、葵京子〉
- **63年　下町の太陽**〈倍賞千恵子、勝呂誉〉
- **64年　馬鹿・まるだし**〈ハナ肇、桑野みゆき〉
- **68年　吹けば飛ぶよな男だが**〈なべおさみ、緑魔子　10位〉
- **69年　男はつらいよ**〈渥美清、倍賞千恵子　6位〉
- **70年　家族**〈倍賞千恵子、井川比佐志　1位〉
- **72年　故郷**〈井川比佐志、倍賞千恵子　3位〉
- **75年　男はつらいよ 寅次郎相合い傘**〈渥美清、浅丘ルリ子　5位〉
- **77年　幸福の黄色いハンカチ**〈高倉健、武田鉄矢、桃井かおり　1位〉
- **80年　遥かなる山の呼び声**〈高倉健、倍賞千恵子 5位〉
- **91年　息子**〈三國連太郎、永瀬正敏　1位〉
- **93年　学校**〈西田敏行、竹下景子　6位〉
- **02年　たそがれ清兵衛**〈真田広之、宮沢りえ　1位〉
- **06年　武士の一分**〈木村拓哉、檀れい　5位〉
- **14年　小さいおうち**〈松たか子、黒木華　6位〉
- **15年　母と暮らせば**〈吉永小百合、二宮和也　5位〉

カラースコープ108分
1977年キネマ旬報ベストテン第1位
主演男優賞（高倉）
助演賞（武田、桃井）

2．物語

九州出身で失恋ばかりしている風采の上がらない職工の欽也（武田）は、赤いスポーツカーで北海道へガールハントの旅に出る。網走駅前で、仕事の悩みで一人旅している朱美（桃井）を拾った。さらに網走海岸で、刑務所を出所したばかりの島勇作（高倉）と出会い、雄大な北海道原野を三人旅で走る。

勇作は夕張炭鉱で働いていた時に、スーパーのレジをしていた光枝（倍賞）と所帯を持った。楽しみにし

して見事に脚本化した。狭い日本では何かを求めて広い大陸を旅し、そこで人と自然に触れ合いながら新たな自分を発見し成長していくというロードムービーは難しいと思っていた。この作品は、赤い車で北海道の原野を走る爽快感、夕陽の沈む山並み、青空に泳ぐ鯉のぼりや風の音、回想場面での雪の夕張などが視覚的にも日本の風土を生かした素晴らしい効果を上げ、初めてこのジャンルで成功した作品である。

●再会してみて●
今回見て感じたこと

●作品の完成度の高さ

一言で言えば「平凡さの持つ非凡さ」である。ストーリーも比較的平凡だが、観客に笑いとスリルを与える展開と期待に応える結末にまでの流れるような語り口は、落語に造詣の深い山田監督ならではである。特に陰ある中年男の過去が明らかになるにつれて、若い二人との心が通い合い、それが観客にも伝わってラストの感動に繋がる妙な技巧など用いない演出力は「非凡」である。

初めて山田組に参加した寡黙な中年男を演じる高倉健と軽薄でコミカルな

ていた最初の子どもを、光枝は流産してしまう。落胆した勇作は荒れ、飲み屋で因縁をつけてきたチンピラを誤って殺した罪の6年の刑期を終えて出所したところだった。

勇作は、光枝には獄中では離婚を勧めていたが、出所後に光枝に「俺を待っていてくれるなら、庭の物干し竿に黄色いハンカチを結んでいてくれ。もしハンカチがなければ、俺は黙って夕張を去るから」という手紙を送っていた。

最初の宿屋で、欽也は朱美に手を出して騒ぎになり、勇作に注意される。欽也が購入した蟹にあたって下痢をしたり、朱美の運転ミスで動かない車を男二人で押したりと三人の珍道中が続く。勇作は、自分の屈折した過去をポツリ、ポツリと語り出し、やや軽薄な若い二人との間に気

演技の武田鉄矢、甘ったるい話し方だが意外に素直に物事を受け止める桃井かおりの三人の組み合わせが絶妙で、これに常連の倍賞千恵子（素晴らしい）、渥美清、太宰久雄（寅さんのタコ社長）が固めたキャスティングも作品に安定感を与えている。老若男女を問わずこの作品の人気は今も高く、財政破綻した夕張の観光名所になっているのも頷ける。

●作品鑑賞●

総評

山田監督は、会社の要請もあり「寅さんシリーズ」を撮り続けながら、数年おきに自己の作家精神（大衆の中にあるイメージを探り当てて形にしてみせる）による単発物を発表している。本作品は、「大衆にわからせる映画」でなく「大衆にわかる映画」という精神が最も生かされた誰もが感動する作品である。

今回見て感心したこと

●脚本の素晴らしさ

異国の原作を完璧に日本に置き換え、笑いと涙の二重構造にして、三人が旅をしながら世代を越えて心を通わせて感動のラストへ導く優れた脚本。

持ちが通い出す。一般家庭に宿泊した時は、勇作は欽也に「九州男児か？女の子は弱いものだ。守って大事にしろ」と諭す。富良野市警で殺人事件の担当官（渥美）に励まされた勇作は、二人に刑を受けた過去と夕張へ向かう話をする。二人はシュンとなり、考え込んで泣いている欽也に朱美はそっと寄り添って泣く。

夕張に向かう途中で勇作は、「引き返そう。どう考えても勝手だった」と言い出すが、逆に若い二人に「万が一のことがある。もしハンカチが出ていたらどうするの」と言われて勇作も思い直す。五月の青空に鯉のぼりが泳ぎ、歌が流れる中、不安を抱えながら炭住（炭鉱住宅）に入り、勇作に代わって外に出た欽也の目に青空に旗めく黄色いハンカチが飛び込んでくる。歓声をあげた二人は、

●風景を生かし、雰囲気を伝えるシーン
◈勇作がレジで必死に働く光枝を見つめて惹かれていくシーンは、外形の美しさでなく直向きに働く女性の美しさが伝わり、勇作が欽也に「女性を守るのが男だ」と諭すシーンに繋がる。
◈自然と物の鮮やかな対比。赤い車と緑の原野、青い空と黄色いハンカチ、狭い車から雄大な自然の中に出た時の解放感等で観客を視覚と感覚で楽しませる。
●俳優の演技
旅する三人はいずれも好演。はまり役の高倉健は見事な演技で国民的スターになる契機となった。鉄矢のコミカルな演技もいいが、桃井かおりの当時の若者の気分を反映した演技には感心した。二人は共に助演賞を獲得している。私は倍賞千恵子の柔らかい演技が忘れ難い。

ラストに発揮されたオーソドックスな演出力

『ひまわり』と同様に、この作品のラストに山田監督の伝統ある撮影所で蓄積された演出力が結実している。逡巡する勇作を若い二人が説得して、五月晴れの空の下、黄色い分離帯の車道を夕張に走る。不安な勇作(観客も)に代わり外に出た二人、聞こえてくる風の音と青空に旗めく黄色いハンカチが高

車中の勇作に伝えて彼の背中を押す。別れの挨拶をした勇作の背中の先に光枝の姿があり、泣いている光枝を勇作が抱きかかえて家に入って行くのを二人は見届ける。車中で感激して泣いている朱美に優しく手を重ねた欽也、気持ちが通い合った二人は初めて抱き合いキスを交わすのだった。

まる音楽とともに画面一杯に広がる。肩を押されて歩き出す勇作を肩越しに捉えたカメラ（この高倉の後ろ姿の演技の素晴らしさに高羽カメラマンは震えたという）、再会した二人は会話も交わさずに家へ入って行く。「帰る場所がある人は幸せ」というテーマを象徴したシーンである。更にやっと気持ちが通い合った若い二人が車中で抱き合うという優しいシーンまで用意し、黄色いハンカチを画面に移して終わり観客に感動の余韻を残してくれるのである。

生涯現役の山田監督から与えられる勇気

２０１６年3月10日に鎌倉で、監督の最新の公開作『家族はつらいよ』の公開前の上映会が行われ、往年の制作者の方と監督の対談があった。今年84歳になる監督は、先輩（特に小津監督）に敬意を込めつつ、愚直に自分の作家精神に基付く作品を仲間と作っていくと言われた。今の厳しい制作状況の中で映画を作り続ける環境に居るのも凄いが、その衰えぬ情熱に、10歳も若い私は「まだまだ」と勇気を与えられた。松竹ヌーヴェル・ヴァークとして登場してきた大島渚、篠田正浩、吉田喜重監督は、美人女優（小山明子、岩下志麻、岡田茉利子）と結婚、才気ある作品（啓蒙的で難解な作品もあるが）を発表して華々しく活躍してきた。しかし大島監督は亡くなり、他の二人も映画を撮る機会はなくて実質はとっくに引退している。結局、予定調和的だと批判は受けながらも、「高い金を払って食べる料理が、番茶と握り飯のように本当に飢餓感を満たしてくれるのか?」(「キネマ旬報」67年6月上旬号)という疑問から出発して、平均的日本人を描き続ける姿勢を失わず、企業の中で伝統の良さを生かして作品を発表してきた山田監督が残ることになった。文化勲章を受章し、ベストワンを4回も獲得した名匠でも、まだ先を見つめるその姿勢に私は「たゆまぬ努力と継続こそ力」ということを改めて認識したのである。

映画検定に挑戦

【映画検定●級】は映画検定試験に出題された問題
【●級レベル】は私が作成した問題です

次の文章は映画史上に残る作品のラストシーンを説明したものです。
適切な作品を1～4の中から選んでください。
【映画検定4級】

A．並木道を女性が一人で歩いてくる。それを見送る男が道端にたたずむ…
①第三の男　②個人教授
③追憶　④ひまわり

B．倒れた自由の女神。そこには2000年後の地球の姿が…
①宇宙戦争　②猿の惑星
③未知との遭遇　④大脱走

C．少年が去り行く西部の男に向かって叫ぶ。「カムバック」…
①騎兵隊　②西部の男
③荒野の決闘　④シェーン

【解答】
A．①第三の男
B．②猿の惑星
C．④シェーン

D．港で船に乗った恋人に「ギャッピー」と男は叫ぶ…

①華麗なるギャッピー ②望郷
③波止場 ④港のマリー

黒澤明監督に関する問題です。

E．処女作は次の作品の中のどれですか？ **【4級レベル】**

①一番美しく ②わが青春に悔いなし
③姿三四郎 ④野良犬

F．シェークスピアの原作を基にした作品はどれですか？ **【2級レベル】**

①どん底 ②天国と地獄
③蜘蛛巣城 ④白痴

G．海外でまだ映画化されていない作品はどれですか？ **【3級レベル】**

①七人の侍 ②用心棒
③羅生門 ④生きる

D．②望郷

E．③姿三四郎

F．③蜘蛛巣城
『どん底』はゴーリキー
『天国と地獄』はエド・マクベイン
『白痴』はドストエフスキーが
原作。

G．④生きる
①は『荒野の7人』
②は『荒野の用心棒』と『ラストマン・スタンディング』という題名で映画化されている。

H．「七人の侍」で三人生き残った侍を演じた俳優の名前を正しく記してください。　【映画検定1級】

西部劇の名匠ジョン・スタージェスには邦題で俗に言う「決斗3部作」がある。

I．下記の作品でこれに該当しない作品はどれですか？　【3級レベル】

①ゴーストタウン決斗　②テーブルロックの決斗
③ＯＫ牧場の決斗　④ガンヒルの決斗

J．この三部作の中で、二作品に出演している俳優は下記の誰ですか？　【2級レベル】

①バート・ランカスター　②アンソニー・クイン
③カーク・ダグラス　④リチャード・ウィドマーク

H．志村喬、加東大介、木村功の中から二人を記入。

I．②テーブルロックの決斗　リチャード・イーガンが出演している。

J．③カーク・ダグラス　『ＯＫ牧場の決斗』『ガンヒルの決斗』に出演

ファッションに関する問題です。
適切な答えを1~4の中から選んでください。

K．オードリー・ヘプバーンはベスト・ドレサーとしても有名ですが、「シャレード」(63)で着て以来好んで着ている服はどのデザイナーのものですか?

【3級レベル】

①イヴ・サンローラン　②シャネル
③ジバンシー　④ブルガリ

L．『ウエストサイド物語』(61)で助演男優賞を受賞したジョージ・チャキリスが着ていて大好評になり、流行したシャツの色は何色ですか?

【3級レベル】

①桃色　②紫色
③緑色　④黒色

K．③ジバンシー

L．②紫色

M．有名スターが通常なら演じないような端役を演じた時に使われる言葉で、宝飾品の名前を模した言葉がある。この宝石の名前はどれですか？

【1級レベル】

①プラチナ　②パール
③カメオ　④ルビー

各監督の手がけた作品を1～4の中から選んでください。

N．フェデリコ・フェリーニ

【映画検定4級】

①ローマの休日　②甘い生活
③男と女　④ライアンの娘

O．木下恵介

【映画検定4級】

①晩春　②用心棒
③楢山節考　④浮雲

M．③カメオ
「カメオ的演出」などと使われている。端役だがきらりと光るという賞賛のニュアンスがある。

N．②甘い生活

O．③楢山節考

P. エリア・カザン **【映画検定3級】**

①大いなる幻影　②乱暴者

③イージーライダー　④波止場

Q. 清水宏 **【映画検定3級】**

①忘れられた子達　②帰郷

③小原庄助　④三百六十五夜

映画主題歌に関する問題です。各問題の曲名が使用された映画の題名を1～4までの中から選んでください。

R. 時の過ぎゆくままに **【3級レベル】**

①サンセット大通り(50)　②旅情(55)

③カサブランカ(42)　④ライムライト(52)

P. ④波止場

Q. ③小原庄助

R. ③カサブランカ

S. 虹の彼方に 【3級レベル】

①ファンタジア(40) ②オーケストラの少女(37)
③バンドワゴン(52) ④オズの魔法使い(39)

T. ラフマニノフ＝ピアノ協奏曲2番 【3級レベル】

①逢いびき(45) ②愛の泉(54)
③グレン・ミラー物語(53) ④しのび逢い(54)

U. 遥かなる山の呼び声 【3級レベル】

①赤い河(48) ②シェーン(53)
③ピクニック ④荒野の決闘

V. グリスピのブルース 【2級レベル】

①裸の町(48) ②嘆きのテレーズ(52)
③ハスラー(61) ④現金に手を出すな(54)

S. ④オズの魔法使い

T. ①逢いびき

U. ②シェーン

V. ④現金に手を出すな

俳優に関する問題です。正しい答えを1～4の中から選んでください。

W.『伊豆の踊り子』に出演していない女優は誰ですか？　**【映画検定3級】**

①田中絹代　②美空ひばり

③香川京子　④山口百恵

X. 宮本武蔵に扮したことのない男優は誰ですか？　**【映画検定3級】**

①片岡千恵蔵　②市川雷蔵

③中村錦之助　④三船敏郎

Y. 小倉を舞台に人力車夫松五郎に扮していない男優は誰ですか？　**【映画検定3級】**

①三船敏郎　②阪東妻三郎

③勝新太郎　④加山雄三

W. ③香川京子

X. ②市川雷蔵

Y. ④加山雄三

Z．高峰秀子の出演していない作品はどれですか？ **【3級レベル】**

①遠い雲　②張り込み

③五番町夕霧楼　④煙突の見える場所

1．1954年、自由な映画活動を求めて（株式会社文芸プロダクション・にんじんくらぶ）を結成した三人の女優は誰ですか？ **【映画検定1級】**

①山田五十鈴・田中絹代・高峰秀子

②高峰秀子・京マチ子・岸恵子

③岸恵子・久我美子・有馬稲子

④有馬稲子・香川京子・左幸子

次の文章は、ある日本映画について説明したものである。これを読んで以下の問いに答えなさい。 **【映画検定3級】**

（A）監督が（B）の推理小説を初めて映画化した名作。佐賀市を舞台に、逃げ回る殺人犯と、彼のかつての恋人（C）が嫁いだ家の前にある木賃宿に張り込む二人の刑事（D）の1週間の捜査を描く。刑事と、吝嗇家の銀行員に嫁い

R．③五番町夕霧楼

1．③岸恵子　久我美子　有馬稲子

だ薄幸な女性の日常生活の細かなディテールをドキュメント風に積み重ねながら、サスペンスを増幅させ、人生の深遠を覗かせる。

2．この映画の作品タイトルを次の下記の中から選びなさい。

①ゼロの焦点　②点と線
③張り込み　④球形の荒野

3．(A)にあてはまる監督の他の映画作品として適切なものを選びなさい。

①昭和枯れすすき　②刑事物語
③忍ぶ川　④飢餓海峡

4．(B)に当てはまる小説家の他の原作を映画化した作品を選びなさい。

①いつか誰かが殺される　②D坂殺人事件
③超高層ホテル殺人事件　④内海の輪

2．③張り込み

3．①『昭和枯れススキ』野村芳太郎監督作品

4．④内海の輪

5. (C)に当てはまる女優の主演作として知られる作品を選びなさい。

①キューポラのある町　②女が階段を上る時

③銀座の恋の物語　④五番町夕霧楼

6. (D)の二人の刑事を演じた俳優とは誰と誰か。

左記の中から正しい組み合わせを選びなさい。

①志村喬と三船敏郎　②丹波哲郎と森田健作

③宮口精二と大木実　④伴淳三郎と高倉健

【3級レベル】

映画賞、ベストテンに関する問題です。

適切な答えを1～4の中から選んでください。

7. ジョン・フォード監督は、アカデミー監督賞を最多の4回受賞している。

下記の作品中で受賞作ではないのはどの作品ですか?

①男の敵　②駅馬車

③怒りの葡萄　④静かなる男

---

5. ②『女が階段を上る時』高峰秀子が演じた。他は吉永小百合、浅丘ルリ子、佐久間良子主演の作品。

6. ③宮口精二と大木実

他は①『野良犬』②『砂の器』④『飢餓海峡』。

7. ②駅馬車

8．黒澤明監督が日本映画で初の海外映画祭でグランプリを獲得した『羅生門』はどの映画祭ですか？ **【3級レベル】**

①カンヌ　②ベルリン
③ヴェネチア　④モントリオール

9．戦後再会された1946年度キネマ旬報ベストテンで1位に選ばれたのはどの作品ですか？

①わが青春に悔いなし　②大曽根家の朝
③わが恋せし乙女　④戦争と平和

ある作品について書かれた文章である。
その作品はどれか左記の中から選んでください。

10．ジーン・ケリーの唄ったシーンが評判になった1920年代のハリウッドを舞台にしたミュージカル。 **【3級レベル】**

①5つの銅貨　②ショー・ボート
③雨に唄えば　④バンド・ワゴン

8．③ヴェネチア

9．②大曽根家の朝（木下恵介作品）

10．③雨に唄えば

11．無声映画の大女優を主人公にハリウッドの内幕を見せながら、人間心理の恐ろしさを描く。【3級レベル】

①イヴの総て　②サンセット大通り
③スタア誕生　④天国への階段

12．ハワード・ホークス監督が、孤立した保安官が助勢を求める「真昼の決闘」に反発して作ったジョン・ウェイン主演の豪快な西部劇。【3級レベル】

①赤い河　②リオ・ブラボー
③リオ・ロボ　④アラモ

映画俳優の出演する作品に関する問題です。
左記の俳優が出演していない作品はどれか？

13．高峰秀子　【3級レベル】

①二十四の瞳　②浮雲
③晩春　④お嬢さん乾杯

11．②サンセット大通り

12．②リオ・ブラボー

13．③『晩春』④『お嬢さん乾杯』原節子

14. 三船敏郎　**【3級レベル】**

①酔いどれ天使　②レッドサン

③切腹　④日本の一番長い日

15. ロミー・シュナイダー　**【2級検定】**

①サン・スーシーの女　②夕なぎ

③ルードウィヒ・神々の黄昏　④マリアブラウンの結婚

16. アラン・ドロン　**【3級レベル】**

①危険な関係　②太陽がいっぱい

③山猫　④若者のすべて

17. エリザベス・テーラー　**【3級レベル】**

①若草物語　②陽のあたる場所

③リリー　④熱いトタン屋根の猫

---

14. ③『切腹』仲代達也

15. ④『マリアブラウンの結婚』ハンナ・シグラ

16. ①『危険な関係』ジェラール・フイリップ

17. ③『リリー』レスリー・キャロン

俳優に関する問題です。正しい答えを1～4の中から選んで下さい。

18. 今井正監督の「また逢う日まで」で有名な窓ガラス越しのラブシーンを演じた岡田英次の相手役の女優は誰ですか？ **【3級レベル】**

①久我美子　②高峰秀子
③原節子　④田中絹代

19. オードリー・ヘップバーンの出演作品で共演者の組み合わせが違っている作品が一つある。それはどの作品ですか？ **【2級レベル】**

①『麗しのサブリナ』ハンフリー・ボガード
②『戦争と平和』ヘンリー・フォンダ
③『許されざる者』バート・ランカスター
④『ロビンとマリアン』ジェームス・ガーナー

20. 石原裕次郎の最初の主演作品はどれですか？ **【3級レベル】**

①鷲と鷹　②嵐を呼ぶ男
③太陽の季節　④狂った果実

---

18. ①久我美子

19. ④『ロビンとマリアン』
（ショーン・コネリーが相手役）

20. ④『狂った果実』デビュー作
『太陽の季節』は助演

アカデミー賞に関する問題です。正しい答えを1〜4の中から選んで下さい。

21. 左記の作品の中で作品賞でない作品はどれですか？ **【3級レベル】**

①八十日間世界一周　②地上最大のショウ
③ベンハー　④2001年宇宙の旅

22. 主演男優賞を受賞していない俳優は誰ですか？ **【3級レベル】**

①グレゴリー・ペック　②カーク・ダグラス
③ジョン・ウエイン　④バート・ランカスター

23. 主演女優賞を受賞していない俳優はだれですか？ **【3級レベル】**

①デボラー・カー　②エリザベス・テイラー
③オードリー・ヘップバーン　④イングリッド・バークマン

---

21. ④2001年宇宙の旅

22. ②カーク・ダグラス

23. ①デボラー・カー

24. アカデミー外国映画賞に該当しない作品はどれですか？ 【2級レベル】

①道 ②男と女

③ベニスに死す ④処女の泉

---

24. ③ベニスに死す

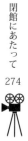

閉館にあたって

本書は、（株）イーネ発行の高齢者向け雑誌「きらめきプラス」に3年ほど連載しました「青勝の追憶の名画」を加筆、修正したものです。高齢者向けなので１９６０年代以前の作品を中心に、私の追憶から選び出した名画を、初見で感じたこと、その後の作品との出会いを交えて、平凡な人生を送っている映画好きが書いた作品紹介資料として纏めて残しておきたいと思って出版致しました。

読み返してみますと、追憶をベースに選んだために私の人生（家族との想い出、学生生活、会社生活等）が時代の流れの中に投影され、私の物の考え方が意識せずに反映してしまった気がして、妙な作品論を書いてしまったという気恥しさがあります。また実生活では体験できない映画の世界に対する憧れも色濃く出てしまっております。

友人からは、追憶の中に普通は心をときめかせたりする女性や失恋した苦い思い出がないのはおかしいと痛いところを突かれました。結局、指銜え派（もてる男を指を銜えて羨望している）の私にはそのような時は訪れず、憧れの気持ちから情熱的な激しい恋(『夏の嵐』)、若い二人の直線的な恋(『卒業』)、静謐だが哀しい恋(『また逢う日まで』)、しみじみとした大人の恋(『男と女』)を選んでしまいました。自分とは遠い世界、広大な西部の開拓生活やヤクザ社会にも惹かれました。ただ、あまりに違い過ぎる世界の歴史的超大作は外しました。

私は評論家ではないので、名画として当然選ばれるフェリーニの『道』やベルイマンの『野いちご』などは、作品の価値は認めても私の記憶の糸にはかからず、監督でも苦手な溝口、チャップリンはカットしましたし、必ずしも監督の代表作(『浮雲』『アラビアのロレンス』等)も選びませんでした。共通するのは、活劇でも人間が深く描かれ、それぞれの人生が浮かび上がってくる作品が印象に残っていたようです。

書き終えて最も感じましたのは時の流れの不思議さです。例えば、ワイラーや木下恵介のような広範囲なジャンルの優れた作品を発表し続けたのに、アイデンティティがないとして評価を下げ、ヌーヴェル・ヴァーグに古いと批判された古典的フランス映画は衰退、映像派(リード、ルルーシュ等)は急速に才能が晩年は劣化するという事実は、時の流れの残酷さを感じます。

科学技術の発達は、映画技術はもとより人間の生活も変えるので、映画の表現手段も内容も変えざるを得ないという時の流れの速さと怖さも痛感しました。その中で人間や人生を深く描いた作品は、時を越えてもその輝きは失わないことも再認識致しました。

本書が取り上げた作品で、既見の方は記憶の糸に触れて懐かしく思い出され、未見の方には作品の内容や公開された時代の雰囲気を感じていただければ幸甚です。

なお巻末に連載中に要望のあった「映画検定試験に挑戦」を加えました。興味ある方は挑戦してください。

私の駄文をご苦労かけながら連載させていただいた吉野圭子様はじめ編集部の方々と励ましてくださった「きらめきプラス」の読者の皆様、本書の出版にご支援して下さった伊東社長様をはじめとする愛育社の方々に改めて感謝申し上げます。

二〇一七年一月　青木勝彦

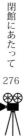

参考文献

○「キネマ旬報」1945年～2000年　キネマ旬報社
○「日本映画200」、「アメリカ映画200」、「ヨーロッパ映画200」　キネマ旬報社
○「映画検定公式テキストブック」　キネマ旬報社
○「映画検定公式問題集」　キネマ旬報社
○野口久光　グラフィック集成「ヨーロッパ名画座」　筒井たけ志・根本隆一郎編　朝日ソノラマ
○「映画の昭和雑貨店」1～完結編　川本三郎著　小学館
○「映画美を求めて」、「世界映画の作家と作風」　津村秀夫著　勁草書房
○「ぼくの採点表」Ⅰ～Ⅳ　双葉十三郎著　(株)トパーズプレス
○「スクリーン」55年5月号、60年7月号、63年5月号　近代映画社
○「至極の外国映画」1～2　近代映画社
○「脚本家橋本忍の世界」　村井淳志著　集英社新書
○「複眼の映像」　橋本忍著　文芸春秋社
○「黒澤明の映画」　ドナルド・リーチ著　社会思想社
○「世界映画名作全史」　猪俣勝人著　社会思想社
○「殺陣チャンバラ映画史」永田哲郎著　社会思想社
○「黒白映像日本映画礼賛」白井佳夫著　文芸春秋社
○「あかんやつら」　春日太一著　文芸春秋社

○「ジョン・フォードを読む」　リンゼイ・アンダーソン著　　フィルムアート社
○「映画批評真剣勝負」　荻昌弘著 近代映画社
○「仲代達也が語る日本映画の黄金時代」　春日太一著　　ＰＨＰ新書
○「天才監督木下恵介」　長部日出夫著　新潮社
○「邦画の映画史」　長部日出夫著　新潮社
○「ユリイカ監督川島雄三」発行人清水康
○「成瀬己喜男の演出術」　村井英著　　ワイズ出版
○「成瀬己喜男日常のきらめき」　スザンネ・シエアマン著　キネマ旬報社
○「ヴィスコンティ集成」　フィルムアート社
○「高倉健望郷の詩」　植草信和編集　　芳賀書店
○「石井輝男映画魂」　石井輝男・福間健二著　　ワイズ出版
○「朝日ジャーナル」　69年９月号　　朝日ジャーナル
○「山脈をわたる風」　池部良著 小学館文庫
○「映画俳優池部良」　志村三千代編　　ワイズ出版
○「任侠映画が青春だった」山平重樹著　　徳間書店
○「任侠映画の世界」　楠本憲吉編　　荒地出版社
○「流動」　79年２月号　　流動出版社
○「日本映画の巨匠たち」Ⅰ～Ⅲ　佐藤忠男著　　学陽書房
○「戦後50年映画１００年」大島渚著　　風媒社

○「ビリー・ワイルダー」　グレン・ホップ著　ＴＡＳＣＨＥＮ
○「裕次郎の綴り方」　サンデー毎日　毎日新聞社
○「日本映画娯楽史」　田山力哉著　社会思想社
○「老いてこそわかる映画がある」　吉村英夫著　大月書店
○「ローマの休日」　吉村英夫著　朝日新聞社
○「映画遺産映画音楽編」　キネマ旬報社
○「スパイ・サスペンス映画の名匠たち」　キネマ旬報社
○「映画脚本家笠原和夫昭和の劇」　笠原和夫・荒井晴彦・スガ秀実著　大田出版
○「仁義なき戦いの３００日」　シナリオ74年2月号　笠原和夫
○「シネマ極道」　日下部五郎著　新潮社
○「仁義なき戦い浪漫アルバム」　杉作Ｊ太郎編　徳間書店
○「俳句を味わう」　鷹羽狩行著　講談社
○「俳句の作り方」　鷹羽狩行・伊藤トキノ著　日本経済社
○「ＭＯＶＩＥＦＡＮ」　１号～１４２号　ＢＲＢ映画鑑賞会

著者紹介
青木勝彦
（あおき・かつひこ）

1942年
群馬県生まれ、育ちは東京

1966年
慶應義塾大学商学部卒業
株式会社日立製作所入社
情報事業関係の経理担当（原価管理）

1997年
株式会社日立システムアンドサービス
（現日立ソリューションズ）転属
執行役専務（兼）取締役として経理部門を管掌

2006年
同社退社、A・Kサポート代表就任

現在
A・Kサポート 代表
（経営管理全般、株式公開支援、監査業務
システム原価管理）
株式会社ハイマックス監査役、JACK代表
映画検定1級、シネマテイクト所属

映画に魅せらせて
私の追憶の名画

平成29年1月20日　本体：1500円+税
著　者　青木 勝彦

編　集　株式会社 イーネ
発行者　伊東 英夫
発行所　株式会社 愛育社
〒116−0014
東京都荒川区東日暮里5−5−9
TEL:03−5604−9431
FAX:03−5604−9430

印刷所　中央精版印刷株式会社
〒335−0032
埼玉県戸田市美女木東1−1−11
TEL:048−421−1611
FAX:048−449−1084

ISBN:978-4-909080-02-8　C0074　¥1500E